K线实战

买入形态分析实例精讲

刘益杰◎编著

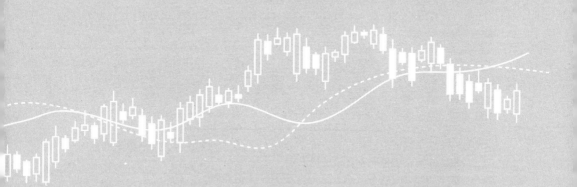

中国铁道出版社有限公司
CHINA RAILWAY PUBLISHING HOUSE CO., LTD.

图书在版编目（CIP）数据

K线实战：买入形态分析实例精讲/刘益杰编著. —北京：中国铁道
出版社有限公司，2023.7
ISBN 978-7-113-30183-5

Ⅰ.①K… Ⅱ.①刘… Ⅲ.①股票交易-基本知识 Ⅳ.①F830.91

中国国家版本馆CIP数据核字（2023）第069357号

书　　名：K线实战——买入形态分析实例精讲
　　　　　K XIAN SHIZHAN: MAIRU XINGTAI FENXI SHILI JINGJIANG
作　　者：刘益杰

责任编辑：杨　旭　　编辑部电话：(010) 63583183　　电子邮箱：823401342@qq.com
封面设计：宿　萌
责任校对：刘　畅
责任印制：赵星辰

出版发行：中国铁道出版社有限公司（100054，北京市西城区右安门西街8号）
印　　刷：三河市宏盛印务有限公司
版　　次：2023年7月第1版　2023年7月第1次印刷
开　　本：710 mm×1 000 mm 1/16　印张：12.75　字数：177千
书　　号：ISBN 978-7-113-30183-5
定　　价：69.00元

随着经济收入的提高，人们手中的闲置资金越来越多，比起将资金放在银行收取利息，更多的人将目光投向了股票市场。股票投资是一种常见的投资方式，进入门槛不高，操作得当还能实现资产的增值。

尽管每年进入股票市场的投资者很多，但是真正获利的却比较少，关键在于很多投资者无法在市场中找到合适的买入点。要知道，股市风云变幻，机会稍纵即逝，如果投资者无法在市场中快速地找到合适的买入点，又谈何获利呢？

此时，投资者可以利用K线来进行买点的判断。K线也被称为蜡烛线，最初是用来记录米市行情变化和价格波动的，后来被广泛应用于证券市场中。如今，K线已经成为股市投资分析中的一个重要工具，它不仅能够直观、清晰地显示股票市场的走势变化，还能帮助投资者分析行情及研判后市动向。

对于投资者来说，找寻市场买点是比较困难的事情，但是可以借助K线进行可靠的分析。为了帮助投资者实现获利，笔者从找寻买点的角度出发，介绍K线及其相关使用技巧，包括单根K线、K线组合、K线形态及K线走势等。

全书共六章，可分为三个部分：

◆ 第一部分为第 1 ～ 2 章，是 K 线的基础应用部分，包括单根 K 线和 K 线组合的买入信号分析。

◆ 第二部分为第 3 ～ 4 章，针对 K 线知识进行了升级，主要包括长期 K 线形态买入分析和 K 线走势应用买点解析，帮助投资者进一步掌握 K 线相关的买点分析技能。

◆ 第三部分为第 5 ～ 6 章，是综合能力提升部分，通过将 K 线与辅助性技术指标进行综合分析，帮助投资者更为准确地判断行情，找到合适的买入点。

为了帮助读者快速掌握股市投资的技巧，全书以各种技术分析理论为基础，由浅入深地进行知识的介绍。此外，为了便于读者理解，书中将各理论知识点都绘制成直观的示意图，还加入了大量真实的案例，同时进行了细致的分析，目的是让读者感受理论知识在实际操盘中的具体应用。

最后，希望所有读者通过对书中知识的学习，可以提升自己的炒股技能，收获更多的投资收益。但任何投资都有风险，也希望广大投资者在入市和操作过程中谨慎从事，规避风险。

编 者

2023 年 2 月

目录

第1章　单根K线发出的买入信号

K线走势图也被称为蜡烛图，它是由一根根单独的K线组合而成，用于表示个股股价的走势变化及波动情况。其中，一些特殊的单根K线在特定的位置出现时，常常具有不同的市场意义，可以为投资者提供买入信号。

1.1　发出底部信号的单根K线 2

1.1.1　底部长下影线 2

应用实例 广弘控股（000529）下跌底部出现长下影线，止跌企稳 3

1.1.2　低位十字星线 4

应用实例 渝三峡A（000565）出现低位十字星线，见底回升 5

1.1.3　低位倒锤子线 6

应用实例 东望时代（600052）出现低位倒锤子线，反转回升 7

1.2　整理阶段中的单根K线买点 7

1.2.1　仙人指路 8

应用实例 佛山照明（000541）出现仙人指路形态，涨势继续 9

1.2.2　蜻蜓点水 10

应用实例 兰花科创（600123）上涨初期的整理阶段中出现
蜻蜓点水形态 11

1.2.3　缩量大阴线 12

应用实例 西藏珠峰（600338）缩量大阴线，压低股价 13

1.2.4 出水芙蓉 14

　　应用实例 华阳股份（600348）出现出水芙蓉形态，涨势继续 15

1.2.5 空中加油 17

　　应用实例 电科数字（600850）空中加油 K 线形态出现分析 17

1.3 上升途中的单根 K 线买点 19

1.3.1 上涨途中的大阳线 19

　　应用实例 黄河旋风（600172）上涨途中出现大阳线，行情加速 20

1.3.2 上升 T 字线 21

　　应用实例 金圆股份（000546）上涨途中 K 线收出 T 字线 22

1.3.3 上升途中倒 T 字线 23

　　应用实例 晨鸣纸业（000488）上涨途中 K 线收出倒 T 字线，追涨买进 ... 24

1.3.4 一字涨停 25

　　应用实例 海马汽车（000572）上涨途中 K 线收出一字涨停 26

第2章　K 线组合透露的买入时机

　　除了单根 K 线之外，多根 K 线也能形成具有市场指示意义的 K 线组合，向投资者发出买入信号，而且 K 线组合发出的信号强度和可信程度，相比单根 K 线来说更强。因此，作为投资者要重点关注 K 线组合透露出的买入信号。

2.1 双根 K 线买入组合 28

2.1.1 双针探底 28

　　应用实例 保利发展（600048）双针探底形态触底回升 28

2.1.2 看涨待入线 30

　　应用实例 三木集团（000632）看涨待入线多头反攻 31

2.1.3 阴孕阳组合 32

　　应用实例 鲁泰 A（000726）出现阴孕阳，止跌回升 33

2.1.4 曙光初现 34

　　应用实例 金浦钛业（000545）曙光初现开启新一波上涨 35

2.2　三根 K 线买入组合 36

2.2.1　红三兵 37

应用实例 海南椰岛（600238）红三兵出现，股价转入强势行情 37

2.2.2　上涨两颗星 39

应用实例 三峡新材（600293）上涨途中出现上涨两颗星，涨势继续 39

2.2.3　低位三连阴 41

应用实例 博威合金（601137）股价下跌底部出现低位三连阴 41

2.2.4　早晨之星 43

应用实例 宁波韵升（600366）早晨之星形态发起见底回升信号 43

2.3　多根 K 线买入组合 45

2.3.1　上升三部曲 45

应用实例 同达创业（600647）上涨途中出现上升三部曲，涨势继续.....46

2.3.2　低位五连阳 48

应用实例 马钢股份（600808）股价的低位区域出现低位五连阳 48

2.3.3　上档盘旋 50

应用实例 建发股份（600153）上涨途中，K 线形成上档盘旋形态 50

2.3.4　多方尖兵 52

应用实例 科力远（600478）上涨途中，K 线形成多方尖兵形态 53

第 3 章　K 线形态中的买点分析

K 线在随着市场波动变化的过程中会形成一些特殊的、具有指示意义的长期形态，例如双重底、三重底、头肩底等，利用这些形态，投资者可以进一步掌握当前的股价走势，找到恰当的买点，做出正确的投资决策。

3.1　K 线底部反转形态 56

3.1.1　双重底形态 56

应用实例 粤高速 A（000429）双重底形态筑底回升 57

3.1.2　V 形底形态 59

应用实例 创元科技（000551）V形底形态行情反转 60

3.1.3 三重底形态 61
应用实例 金圆股份（000546）三重底形态筑底回升 62

3.1.4 头肩底形态 64
应用实例 东望时代（600052）头肩底形态筑底 65

3.1.5 圆弧底 67
应用实例 中集集团（000039）圆弧底构筑底部 68

3.1.6 岛形底形态 69
应用实例 德赛电池（000049）岛形底形态反转回升 70

3.2 K线整理形态涨势继续 72

3.2.1 上升三角形形态 72
应用实例 东阿阿胶（000423）上升途中的上升三角形整理形态 73

3.2.2 上升旗形形态 75
应用实例 徐工机械（000425）上升旗形股价波动整理 76

3.2.3 上升矩形形态 77
应用实例 北方稀土（600111）上升矩形整理分析 78

3.2.4 下降楔形形态 80
应用实例 万东医疗（600055）下降楔形整理分析 81

第4章 K线走势中的特殊买点

　　股价长时间处于波动变化之中，其运动规律难以预测，但也并非毫无迹象可循，当其运行至一些特殊位置时，投资者可以借助K线走势来帮助判断，从而找到比较合适的买入点。

4.1 K线重要位置突破买入形态 84

4.1.1 突破前期高点买入 84
应用实例 人福医药（600079）股价放量上涨突破前期高点 85

4.1.2 突破成交密集区买入 86

应用实例 西藏珠峰（600338）股价向上突破成交密集区 87

4.1.3　箱体突破买进 89

应用实例 喜临门（603008）股价向上突破箱体走势 89

4.1.4　均线突破买进 91

应用实例 德新交运（603032）股价向上突破均线分析 91

4.2　借助 K 线运行趋势找买点 93

4.2.1　突破下降趋势线 93

应用实例 中国船舶（600150）股价向上突破下降趋势线 94

4.2.2　下跌至下轨线附近受到支撑 95

应用实例 北方稀土（600111）股价跌至下轨线止跌 96

4.2.3　在上升趋势线处止跌回稳 97

应用实例 酒钢宏兴（600307）股价在上升趋势线处止跌回稳 98

4.2.4　突破上升通道压力线 99

应用实例 万华化学（600309）股价向上突破上轨线涨势加速 100

4.2.5　回落至水平趋势支撑线买进 102

应用实例 伊力特（600197）股价下行至支撑线止跌 102

4.2.6　股价向上突破水平压力线 104

应用实例 安琪酵母（600298）股价向上突破压力线 105

第 5 章　K 线与成交量结合下的市场分析

成交量是市场供需关系的具体表现，也是股市投资中不可或缺的一个重要投资分析工具，将其与 K 线结合分析，可以帮助投资者做出相对精准的投资决策。

5.1　量价关系下的买入分析 108

5.1.1　量平价升，继续持有 108

应用实例 旭光电子（600353）股价上行成交量保持水平 109

5.1.2　量增价升，买入信号 110

应用实例 兰花科创（600123）股价与成交量配合上行 111

5.1.3　量增价平，追涨信号 113

应用实例 建设机械（600984）股价滞涨成交量放大 114

5.1.4　量减价升，继续持有 115

应用实例 隆基绿能（601012）股价上行量能缩小 116

5.1.5　量减价平，观望为主 118

应用实例 科达制造（600499）股价横行量能缩小 118

5.2　上涨初期的量价买点分析 120

5.2.1　逐步放量拉升 121

应用实例 西藏城投（600773）低位逐步放量拉升 121

5.2.2　地量见地价 123

应用实例 国际医学（000516）低位地量见地价 124

5.2.3　低位巨量上涨 126

应用实例 国际医学（000516）低位巨量拉升股价 126

5.2.4　底部缩量涨停 128

应用实例 天音控股（000829）低位缩量涨停拉升 129

5.3　上涨途中的量价买点分析 130

5.3.1　放量加速拉升 131

应用实例 北方稀土（600111）成交量放量加速拉升股价 132

5.3.2　高位滞涨缩量 133

应用实例 华阳股份（600348）股价高位滞涨，下方成交量缩量 134

5.3.3　上涨途中缩量回调 136

应用实例 科达制造（600499）股价止涨回落，成交量缩量 137

5.3.4　后量超前量继续上涨 139

应用实例 万业企业（600641）成交量后量超前量，股价继续上涨 139

5.3.5　缩量大阴线压制股价 141

应用实例 川能动力（000155）缩量大阴线压制股价下行 142

第 6 章　K 线与技术指标综合分析判断

技术指标是股市投资分析中的一大利器，它是通过数据公式计算得出的股票价格变化的数据集合。结合技术指标进行市场分析，可以使结果更清晰，研判更准确。股市中的技术指标有近百种，本章将重点介绍实用性强、操作简单的几种技术指标。

6.1　K 线与 KDJ 指标组合买入分析 146

6.1.1　V 形底 +KDJ 指标黄金交叉 146
应用实例 四川九洲（000801）股价形成 V 形底，KDJ 指标出现金叉 147

6.1.2　头肩底 +KDJ 指标二次金叉 148
应用实例 本钢板材（000761）股价形成头肩底，KDJ 指标二次金叉 ...149

6.1.3　双重底 +KDJ 指标超卖 151
应用实例 北方股份（600262）股价形成双重底，KDJ 指标发出超卖
信号 151

6.1.4　K 线与 KDJ 指标底背离 153
应用实例 中化国际（600500）K 线与 KDJ 指标形成底背离 154

6.2　K 线与 MACD 指标组合买入分析 155

6.2.1　股价低位止跌，MACD 指标上穿 0 轴 156
应用实例 保利发展（600048）股价止跌企稳，MACD 指标上穿 0 轴 ...157

6.2.2　股价小幅上行，MACD 柱状线绿翻红 158
应用实例 博信股份（600083）股价回升，MACD 柱状线绿翻红 159

6.2.3　股价触底横盘，MACD 指标金叉 161
应用实例 丰原药业（000153）股价触底企稳，MACD 指标发出金叉
信号 161

6.2.4　K 线收出底部十字线，MACD 指标二次金叉 163
应用实例 金圆股份（000546）K 线底部十字线，MACD 指标二次金叉 164

6.2.5　K 线与 MACD 指标的底背离 166
应用实例 海德股份（000567）K 线与 MACD 指标形成底背离 166

6.3　K线与BOLL指标组合买入分析 168

6.3.1　K线与BOLL指标线同步上行 168

应用实例 双环科技（000707）K线与BOLL指标同步上行，市场走强 169

6.3.2　股价止涨，上轨线向下，中轨线和下轨线继续向上 170

应用实例 岳阳兴长（000819）股价止涨，上轨线向下，中轨线
和下轨线继续向上 171

6.3.3　K线上穿中轨线 173

应用实例 钱江摩托（000913）K线突破中轨线分析 173

6.3.4　K线向上突破上轨线继续上行 175

应用实例 岩石股份（600696）K线向上突破上轨线继续上行分析 176

6.3.5　K线从下轨线以下向上突破 178

应用实例 轻纺城（600790）K线从下轨线以下向上突破分析 178

6.3.6　K线处于中轨线上方和中轨线一起上行 180

应用实例 杉杉股份（600884）K线处于中轨线上方和中轨线
一起上行 180

6.3.7　K线与上、中、下轨线水平运行 181

应用实例 藏格矿业（000408）K线与上、中、下轨线水平运行 182

6.4　K线与MA指标组合共同研判买点 183

6.4.1　葛兰威尔买卖法则中的买点解析 184

应用实例 华谊兄弟（300027）葛兰威尔买卖法则中的买点解析 185

6.4.2　蛟龙出海预示买进 188

应用实例 台华新材（603055）蛟龙出海预示买进 189

6.4.3　空头背离有机会抄底 190

应用实例 恩华药业（002262）空头背离有机会抄底 191

第1章

单根K线发出的买入信号

　　K线走势图也被称为蜡烛图，它是由一根根单独的K线组合而成，用于表示个股股价的走势变化及波动情况。其中，一些特殊的单根K线在特定的位置出现时，常常具有不同的市场意义，可以为投资者提供买入信号。

1.1 发出底部信号的单根 K 线

股价经过一轮大幅下跌行情后运行至低位区域，跌势减缓，出现筑底迹象。此时，如果底部能够出现一些特殊的单根 K 线形态，则说明是下跌行情结束、股价筑底结束、后市看涨的标志。

1.1.1 底部长下影线

图 1-1 带长下影线的 K 线示意图

底部长下影线是比较常见的一种传达底部信号的单根 K 线形态，它的出现说明盘中多空正在博弈，但空头杀跌的动能已经不足，而多头此时在相对低位发起反攻，使得当天的收盘价向上回升，远离最低价，从而留下了较长的下影线。

底部长下影线没有阴阳之分，但是下影线的长度要大于或等于 K 线实体长度，有时候会大于实体长度的一倍以上。

但是，底部长下影线是否能够扭转局势，使股价转入上升行情之中，还要看第二天的股价表现。如果第二天股价高开高走形成上涨阳线，那么行情就此反弹回升的概率较大。

广弘控股（000529）下跌底部出现长下影线，止跌企稳

图 1-2 为广弘控股 2020 年 12 月至 2021 年 8 月的 K 线图。

图 1-2 广弘控股 2020 年 12 月至 2021 年 8 月的 K 线图

从图 1-2 中可以看到，广弘控股的股价处于不断下跌的弱势行情之中，股价从相对高位向下滑落，跌势沉重。2021 年 7 月下旬，股价经过一轮大幅下跌后运行至 5.00 元价位线附近，随后 K 线收出一根带长下影线的阴线，且下影线长度明显大于阴线实体，形成探底之势，并创出了 4.70 元的新低。

接着第二天股价高开高走收出小阳线，随后继续在 5.00 元价位线上波动运行，说明广弘控股的这一轮下跌行情可能已经结束，股价在 5.00 元价位线附近筑底，后市有可能转入新一轮上升行情之中。

8 月 24 日，股价向上跳空高开高走，K 线收出一根带量涨停大阳线，将股价拉升至 5.50 元价位线以上，说明有主力资金入场拉升股价，后市看涨，此时可视为投资者的买进机会。

图 1-3 为广弘控股 2021 年 7 月至 2022 年 1 月的 K 线图。

图 1-3　广弘控股 2021 年 7 月至 2022 年 1 月的 K 线图

从图 1-3 中可以看到，长下影线 K 线在底部区域出现后，广弘控股股价止跌企稳，在 5.00 元价位线上横盘一段后下方成交量放大，带动股价向上攀升，转入波动上行的拉升行情之中。

1.1.2　低位十字星线

图 1-4　十字星线示意图

十字星线是指开盘价与收盘价相同，存在上下影线的一种 K 线形态，有时候也会将实体较小的带有上下影线的 K 线称为十字星或类十字星。在股价经过一波较大幅度的下跌行情后，在波段底部收出十字星线，往往是空头力竭和多头奋力抵抗的表现，也是股价见底或即将见底的信号。

渝三峡A（000565）出现低位十字星线，见底回升

图1-5为渝三峡A在2020年8月至2021年3月的K线图。

图1-5　渝三峡A在2020年8月至2021年3月的K线图

从图1-5中可以看到，渝三峡A股票处于不断下行的弱势行情之中，股价震荡下行跌势沉重。2021年2月初，股价下行至4.00元价位线附近，创出3.86元的新低后止跌，第二天K线收出一根十字星线，说明场内的下跌势能衰竭，股价有可能已经跌至底部。

随后几天股价继续在该价位线上横盘，2月18日股价开始高开高走，K线收出大阳线，将股价拉升至4.25元价位线附近，下方的成交量温和放量，说明渝三峡A这一轮下跌行情可能已经结束，即将转入上涨行情中。2021年3月初，股价上涨至4.50元价位线附近滞涨横盘，此时为投资者的买进机会。

图1-6为渝三峡A在2021年2月至8月的K线图。

从图1-6中可以看到，渝三峡A在底部收出一根十字星线止跌企稳后，就转入上升通道中，股价不断向上创出新高，且涨幅较大。

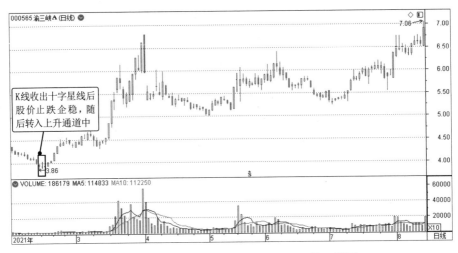

图 1-6　渝三峡A在2021年2月至8月的K线图

1.1.3　低位倒锤子线

图 1-7　倒锤子线示意图

　　当K线的上影线较长（通常为实体的两倍以上），且无下影线或者下影线很短时，K线形态就像一把倒转的锤子，这就是倒锤子线。倒锤子线根据其实体的不同，又可以分为倒锤子阳线和倒锤子阴线。

　　在股价经过一轮大幅下跌行情后的低位区域出现倒锤子线，意味着股价运行趋势可能即将发生反转，后市回升的概率较大。

东望时代（600052）出现低位倒锤子线，反转回升

图 1-8 为东望时代 2020 年 8 月至 2021 年 3 月的 K 线图。

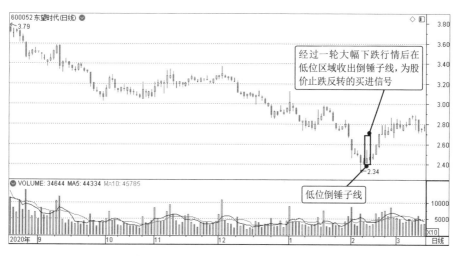

图 1-8 东望时代 2020 年 8 月至 2021 年 3 月的 K 线图

从图 1-8 中可以看到，东望时代的股价处于弱势行情中，股价从相对高位处不断向下跌落。2021 年 2 月上旬，股价下行至 2.40 元价位线附近，创出 2.34 元的新低后止跌，并在该价位线上横盘。

2 月 8 日，股价收出一根带长上影线的阳线，形成倒锤子线。倒锤子线出现在股价经过一轮大幅下跌行情后的低位横盘区域，一般为股价筑底回升的信号，后市看涨，投资者可以在此位置试探性买进。

1.2 整理阶段中的单根 K 线买点

股价的上涨往往不是一蹴而就的，而是波动上行，即上涨一段后止涨整理，整理结束后再继续向上拉升。对于投资者来说，整理位置就是加仓或买进位置，此时可以借助整理阶段中的特殊单根 K 线形态来帮助判断。

1.2.1 仙人指路

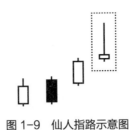

图 1-9　仙人指路示意图

仙人指路是 K 线的一种特殊形态，通常出现在调整阶段的中期低位及拉升阶段的初期或中期。当天股价放量高开高走，但是冲高之后主力开始出手压价，股价在盘中反复震荡下跌，最后形成带长上影线的小阳线或小阴线，但收盘价较前一个交易日有所上涨。

仙人指路 K 线形态通常是主力的震仓行为，震仓完成后可能还会出现更大的涨幅。在利用"仙人指路"进行操盘时，投资者要注意以下几点。

①上涨的角度超过 45 度。

②出现仙人指路 K 线形态的位置最好是在前期的重要压力区间内。

③仙人指路 K 线形态前一天的阳线最好是涨幅超过 5% 的大阳线，并伴有近期较大成交量。

④仙人指路 K 线形态出现时，量能要出现连续放大。

佛山照明（000541）出现仙人指路形态，涨势继续

图1-10为佛山照明2021年12月至2022年7月的K线图。

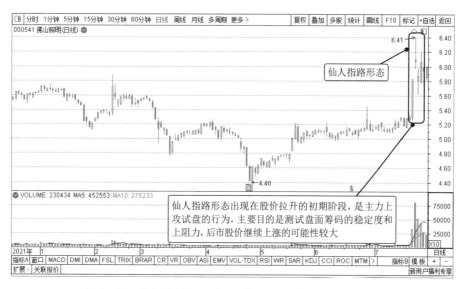

图1-10 佛山照明2021年12月至2022年7月的K线图

从图1-10中可以看到，佛山照明的股价前期处于连续下跌的弱势行情之中，2022年4月下旬，股价下行至4.40元价位线上止跌后，开始向上小幅攀升。2021年5月下旬，股价上涨至5.20元价位线附近后止涨横盘。

2022年7月20日，K线收出一根带量大阳线，将股价拉升至5.80元价位线附近。第二天，股价向上跳空高开，快速冲高后回落，K线收出一根带长上影线的小阴线，且成交量明显放量，收盘价较前一个交易日有所上涨，形成仙人指路形态。

仙人指路形态出现在股价上涨的初期阶段，是主力展开上攻试盘的标志，主要目的是测试盘面筹码的稳定度和上阻力，后市股价继续上涨的可能性较大，投资者可以在第二天买入跟进。

图1-11为佛山照明2022年4月至8月的K线图。

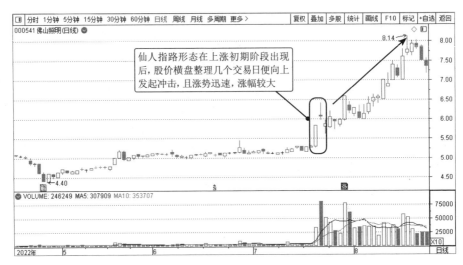

图 1-11 佛山照明 2022 年 4 月至 8 月的 K 线图

从图 1-11 中可以看到，仙人指路形态在上涨初期阶段出现后，股价横盘整理几个交易日便向上发起冲击，1 个月左右的时间便将股价拉升至 8.00 元价位线上方，涨幅较大。

1.2.2 蜻蜓点水

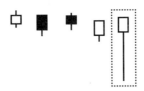

图 1-12 蜻蜓点水示意图

蜻蜓点水是一种中继形态，通常出现在股价上涨初期的横盘整理阶段。蜻蜓点水形态指的是在横盘过程中形成小阳线或阴阳线交错的整理，股价

沿着 5 日均线或者 10 日均线缓慢上行，每天的波动幅度极小，但偶尔出现带有较长下影线的 K 线，像蜻蜓点水一样。

这种走势表明多头力量正在悄悄聚集，后市继续上涨的可能性较大，此时投资者可以持股为主。

兰花科创（600123）上涨初期的整理阶段中出现蜻蜓点水形态

图 1-13 为兰花科创 2020 年 12 月至 2021 年 3 月的 K 线图。

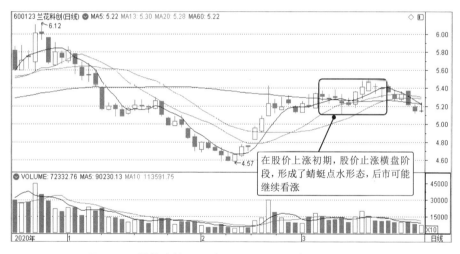

图 1-13　兰花科创 2020 年 12 月至 2021 年 3 月的 K 线图

从图 1-13 中可以看到，兰花科创前期经过一轮下跌后，股价下行至 4.60 元价位线下方，在创出 4.57 元的新低后止跌开始小幅回升，下方成交量配合放量。

2021 年 2 月下旬，股价上行至 5.40 元价位线附近后止涨横盘，K 线收出带长下影线的小 K 线，形成蜻蜓点水形态，下方成交量也表现萎缩。

蜻蜓点水形态出现在股价上涨的初期，往往不是市场变盘的信号，而是盘中主力为避免股价拉升太快而掌握节奏，利用蜻蜓点水形态震仓的手段。因此，该股后市继续拉升，表现上涨的可能性较大。

图 1-14 为兰花科创 2021 年 2 月至 9 月的 K 线图。

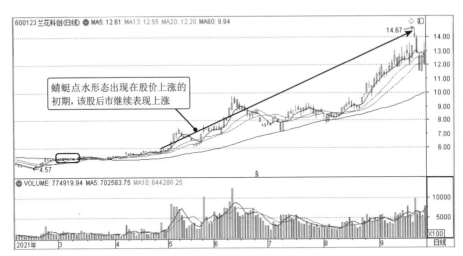

图 1-14　兰花科创 2021 年 2 月至 9 月的 K 线图

从图 1-14 中可以看到，蜻蜓点水形态出现在新一轮上涨的初期，对整个行情起到了一个承上启下的作用，承接了前面的横盘调整走势，又开启了后面的上涨行情。2021 年 5 月初，下方成交量开始放出巨量推动股价向上拉升，兰花科创的股价继续上涨。

1.2.3　缩量大阴线

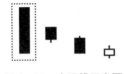

图 1-15　大阴线示意图

在上涨途中出现的缩量大阴线，是比较常见的一种主力清理浮筹的方

式，既能清洗浮筹，又不会过多地卖出筹码。

从量能角度分析，只要当日成交量没有出现明显放大迹象，说明大概率不是主力出货，而是清理浮筹的行为，就可以认为是为第二波拉升做准备。场内的投资者可以继续持有股票；场外的投资者可以等整理结束，股价回升时再买入。

西藏珠峰（600338）缩量大阴线，压低股价

图 1-16 为西藏珠峰 2021 年 4 月至 8 月的 K 线图。

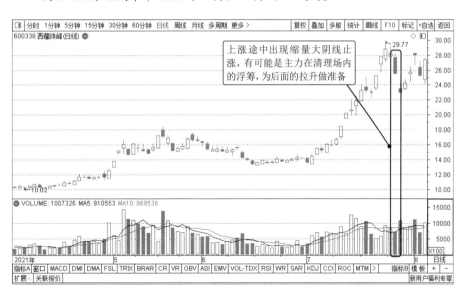

图 1-16　西藏珠峰 2021 年 4 月至 8 月的 K 线图

从图 1-16 中可以看到，西藏珠峰处于上升行情之中，股价从 10.00 元价位线附近开始波动上涨。

2021 年 7 月下旬，股价上涨至 28.00 元价位线附近后止涨，接着 7 月 27 日，股价低开低走，K 线收出一根大阴线，下方成交量表现缩量。

尽管股价从 10.00 元上涨至 28.00 元，已经有了较大幅度的收益，存在见顶回落的可能性。但是，因为成交量并没有出现明显的放大迹象，说明主力没有在短时间内大批量出货的迹象，此时的大阴线有可能是主力清理场内浮筹的手段，一旦整理结束，后市继续表现上涨的可能性较大，所以场内的持股投资者可以继续持股。

图1-17为西藏珠峰2021年6月至9月的K线图。

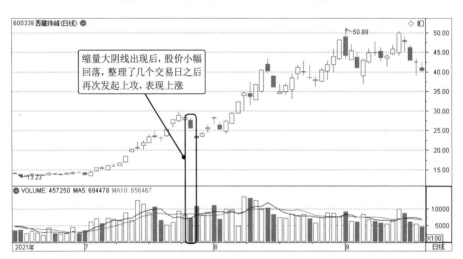

图1-17　西藏珠峰2021年6月至9月的K线图

从图1-17中可以看到，缩量大阴线出现后，股价小幅回落，整理了几个交易日之后再次发起上攻，表现上涨，截至2021年9月，最高上涨至50.00元价位线上方，涨幅较大，涨势迅速。如果投资者在缩量大阴线出现时抛售手中持股，将错过一波涨幅收益。

1.2.4　出水芙蓉

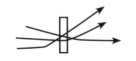

图1-18　出水芙蓉示意图

出水芙蓉 K 线形态也常常被称为"一阳三线"，即一根大阳线向上穿过三条均线。出水芙蓉通常出现在股价上涨初期的横盘整理阶段，均线组合呈现黏合状态，突然出现一根大阳线突破短期、中期均线系统，使均线向上发散并转变为多头排列。

出水芙蓉形态的出现意味着新一轮上涨即将启动，如果此时下方量能配合放大，则更能确认这一信号的准确性，投资者可以在出水芙蓉形态出现之后买入跟进。

华阳股份（600348）出现出水芙蓉形态，涨势继续

图 1-19 为华阳股份 2021 年 1 月至 7 月的 K 线图。

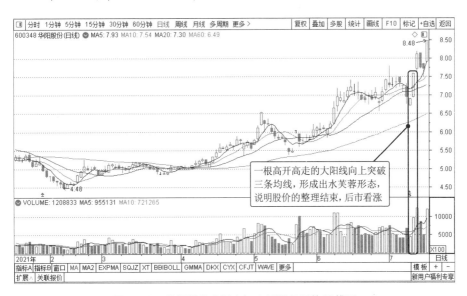

一根高开高走的大阳线向上突破三条均线，形成出水芙蓉形态，说明股价的整理结束，后市看涨

图 1-19　华阳股份 2021 年 1 月至 7 月的 K 线图

从图 1-19 中可以看到，华阳股份的股价处于上升行情之中，股价从

4.50 元价位线附近开始波动上行，涨势稳定。2021 年 6 月上旬，股价上涨至 7.00 元价位线附近后止涨，并在该价位线上横盘窄幅波动。此时，5 日均线、10 日均线和 20 日均线由之前的发散状态转为黏合状态。

2021 年 7 月 12 日，股价高开高走，K 线收出一根放量大阳线，且该大阳线向上穿过 5 日均线、10 日均线和 20 日均线，形成出水芙蓉形态。第二天股价继续高开高走，成交量放量，均线组合也发散开来，5 日均线、10 日均线和 20 日均线自上而下形成多头排列。

由此说明，出水芙蓉的出现结束了横盘整理走势，华阳股份的股价继续看涨，后市即将迎来新一轮上涨，此时投资者可买入跟进。

图 1-20 为华阳股份 2021 年 6 月至 9 月的 K 线图。

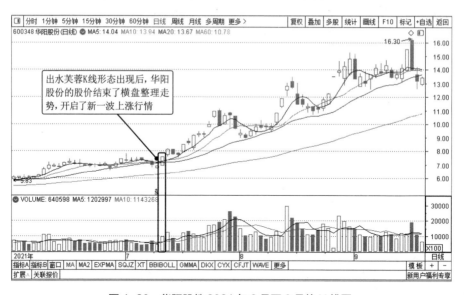

图 1-20　华阳股份 2021 年 6 月至 9 月的 K 线图

从图 1-20 中可以看到，出水芙蓉 K 线形态出现后，华阳股份的股价结束了横盘整理走势，开启了新一波上涨。股价波动上行，不断创出新高，截至 2021 年 9 月最高上涨至 16.00 元价位线上方，涨幅较大。

1.2.5　空中加油

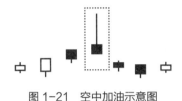

图 1-21　空中加油示意图

空中加油形态是指当股价从底部开始向上飙升，运行至某一位置时受到空头的抛压压制，出现短暂的蓄势休整，主力在补充能量之后，向更高的目标发起攻击。

空中加油的核心在于带有长上影线的跳空高开低走的小阴线，如同上涨到高空稍作停顿加油，以备后市继续拉升。如果该小阴线与前一根 K 线形成缺口，将大大提高信号的准确性。一旦股价放量突破这一关口，便意味着新一轮上涨来临。

电科数字（600850）空中加油 K 线形态出现分析

图 1-22 为电科数字 2021 年 6 月至 10 月的 K 线图。

从图 1-22 中可以看到，电科数字的股价前期经过一轮下跌行情后，运行至24.00 元价位线附近止跌后小幅回升，形成横盘整理形态。2021 年 8 月中旬，股价开始向上缓慢攀升。8 月 30 日，股价向上跳空高开，然后盘中低走，K 线收出一根带长上影线的小阴线，随后股价止涨并在 28.00 元价位线上横盘。

这说明电科数字股票的上涨趋势并未发生改变，是为了后市更好地拉升而进行短暂休整。2021年10月上旬，下方成交量明显放大，带动股价上涨并向上突破了横盘整理平台，说明新一波上涨即将启动。

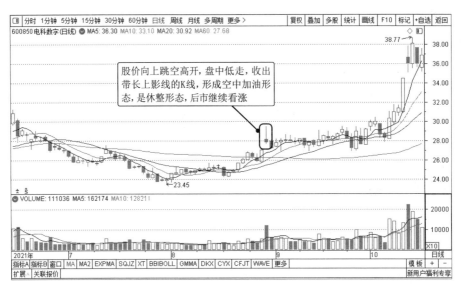

股价向上跳空高开，盘中低走，收出带长上影线的K线，形成空中加油形态，是休整形态，后市继续看涨

图1-22　电科数字2021年6月至10月的K线图

图1-23为电科数字2021年7月至11月的K线图。

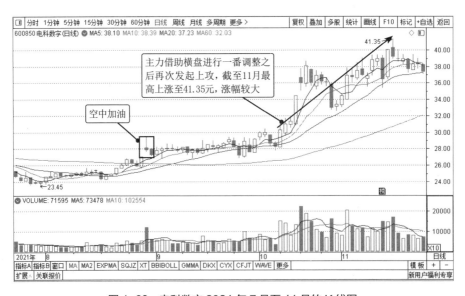

主力借助横盘进行一番调整之后再次发起上攻，截至11月最高上涨至41.35元，涨幅较大

空中加油

图1-23　电科数字2021年7月至11月的K线图

从图 1-23 中可以看到，主力借助横盘进行一番调整之后再次发起上攻，下方成交量配合放大，推动股价快速向上攀升，截至 11 月最高上涨至 41.35 元，涨幅较大。如果投资者前期能够发现空中加油 K 线形态，识得主力的休整意图，将有机会获得这一波涨幅收益。

1.3　上升途中的单根 K 线买点

除了股价底部、整理阶段之外，在股价向上拉升的过程中，也存在一些具有特殊指示意义的单根 K 线，例如上涨途中的大阳线或 T 字线等。投资者一旦发现这些单根 K 线形态信号，就可以根据自身情况选择买入跟进或加仓。

1.3.1　上涨途中的大阳线

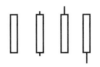

图 1-24　大阳线示意图

大阳线往往表示多头占据绝对优势，收盘价明显高于开盘价，后市看涨信号强烈，阳线实体越长，代表其内在的上涨动力越大。

当大阳线出现在股价上涨途中，通常是股价加速上涨的预兆，为持续性的看涨信号。如果第二天股价继续走强，后市有可能开始加速上涨，投资者可以跟进。

黄河旋风（600172）上涨途中出现大阳线，行情加速

图 1-25 为黄河旋风 2020 年 10 月至 2021 年 4 月的 K 线图。

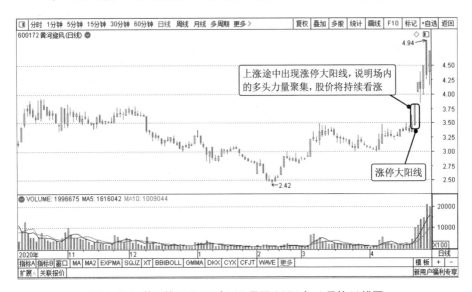

图 1-25　黄河旋风 2020 年 10 月至 2021 年 4 月的 K 线图

从图 1-25 中可以看到，黄河旋风的股价前期经历一轮下跌后，运行至 2.50 元价位线附近的低位区域，在创出 2.42 元的新低后止跌回升，转入上升之中。

2021 年 4 月 23 日，股价一改之前的缓慢上涨走势，当日开盘后股价向上发起猛攻，下方成交量配合放大，最终 K 线收出一根涨停大阳线。这说明场内的多头力量聚集，大多数投资者看好该股后市发展。第二天，股价跳空高开，继续向上发起冲击，进一步确认了这一上涨信号，说明该股即将加速上行，投资者可以抓住机会买进。

图 1-26 为黄河旋风 2021 年 1 月至 7 月的 K 线图。

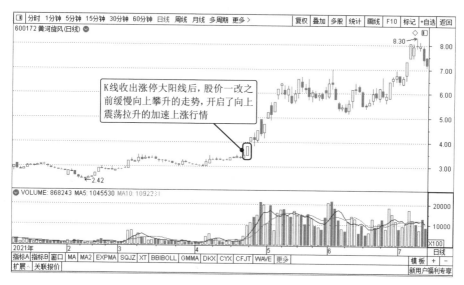

图 1-26 黄河旋风 2021 年 1 月至 7 月的 K 线图

从图 1-26 中可以看到，在股价上涨的途中 K 线收出涨停大阳线后，黄河旋风的股价一改之前缓慢向上攀升的走势，开启了向上震荡拉升的上涨行情。投资者在涨停大阳线出现后及时跟进，可以获得不错的收益。

1.3.2 上升 T 字线

图 1-27 T 字线示意图

T 字线也被称为蜻蜓线，标准的 T 字线的开盘价、收盘价和全天最高价相同，只留下长长的下影线，但有些 T 字线的变形也会存在很短的上影

线。T字线信号的强度与其下影线的长度相关，下影线越长，说明买方实力越强，那么后市股价走强的可能性也就越大。

当 T 字线出现在上涨过程中，后续又形成了下跌，常常是主力清理场内浮筹，为后市拉升做准备的信号，投资者可以在此入场或加仓。

金圆股份（000546）上涨途中 K 线收出 T 字线

图 1-28 为金圆股份 2022 年 4 月至 7 月的 K 线图。

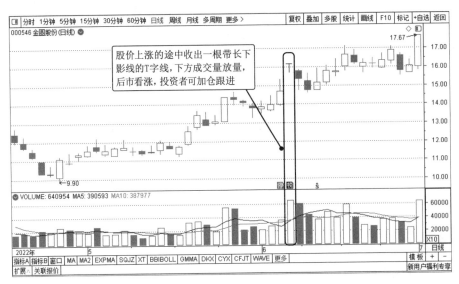

图 1-28　金圆股份 2022 年 4 月至 7 月的 K 线图

从图 1-28 中可以看到，金圆股份的股价处于强势的上升行情之中，股价不断向上创出新高，涨势稳定。2022 年 6 月 13 日，股价向上跳空高开，K 线收出一根带长下影线的 T 字线，下方成交量放大，随后股价小幅回调后再次上涨，在 16.00 元价位线附近止跌并横盘。

该 T 字线的下影线较长，成交量放大，说明此处的买入信号比较强烈，投资者可以趁机买进，持股待涨。

图 1-29 为金圆股份 2022 年 4 月至 7 月的 K 线图。

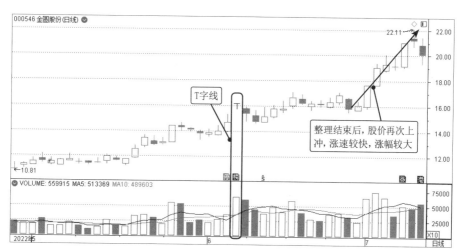

图 1-29　金圆股份 2022 年 4 月至 7 月的 K 线图

从图 1-29 中可以看到，该股在上涨途中收出 T 字线并止涨横盘调整后，2022 年 7 月初，下方成交量放量，带动股价快速向上拉升，几个交易日的时间便将股价拉升至 22.00 元价位线上方，涨幅超 37%。

1.3.3　上升途中倒 T 字线

图 1-30　倒 T 字线示意图

倒 T 字线从名字上很容易理解，它与 T 字线相反，是指股价开盘价与收盘价一致，有较长的上影线而没有下影线或下影线较短的形态，特点在

于最高价与一字线之间拉得很开。

股价上升趋势形成后一路上行，如果途中突然出现了一根倒 T 字线，那么这根倒 T 字线很可能是助涨信号，但可信度还要看之后股价的表现。如果后期股价能够运行在倒 T 字线上影线之上，那这根倒 T 字线便可视作上涨中继信号，投资者可以追涨跟进。

晨鸣纸业（000488）上涨途中 K 线收出倒 T 字线，追涨买进

图 1-31 为晨鸣纸业 2020 年 6 月至 2021 年 1 月的 K 线图。

图 1-31　晨鸣纸业 2020 年 6 月至 2021 年 1 月的 K 线图

从图 1-31 中可以看到，晨鸣纸业的股价处于强势行情之中，股价从 5.00 元价位线下方的低位区域向上攀升，下方成交量配合放量。2020 年 11 月底，股价上涨至 7.00 元价位线上方，创出 7.37 元的新高后止涨回落。

当股价下行至 6.25 元价位线附近时跌势减缓，12 月 23 日，K 线收出一根倒 T 字线，但是第二天股价平开低走，K 线收出一根中阴线，说明这一波调整并未结束，投资者不能贸然跟进。

随后股价止跌，并出现小幅回升迹象。后续 K 线收出放量大阳线，并将股价拉升至 6.75 元价位线上方，说明股价已经开始拉升，后市晨鸣纸业的股价看涨，投资者可以在此位置买进。

图 1-32 为晨鸣纸业 2020 年 12 月至 2021 年 2 月的 K 线图。

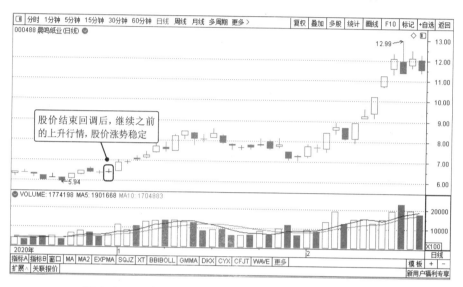

图 1-32　晨鸣纸业 2020 年 12 月至 2021 年 2 月的 K 线图

从图 1-32 中可以看到，晨鸣纸业的股价结束回调后，继续之前的上升行情，股价涨势稳定，截至 2021 年 2 月最高上涨至 12.99 元，涨幅较大。

1.3.4　一字涨停

图 1-33　一字涨停示意图

一字涨停是指开盘价、收盘价、最高价及最低价相同，盘面上呈现

"一"字的一种K线形态。从涨跌方向来看，可以分为一字涨停和一字跌停。在股价上涨的过程中出现一字涨停，说明场内的多头力量强劲，上涨动力十足，股价后市有可能出现一波强势行情。

海马汽车（000572）上涨途中K线收出一字涨停

图1-34为海马汽车2021年1月至5月的K线图。

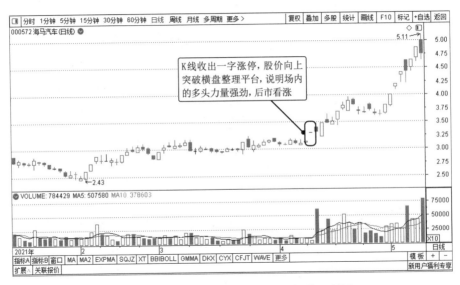

图1-34　海马汽车2021年1月至5月的K线图

从图1-34中可以看到，海马汽车的股价处于上升行情之中，股价从3.00元价位线下方的相对低位向上缓慢攀升。当股价上涨至3.00元价位线附近后涨势减缓，并在该价位线上横向窄幅波动。

2021年4月12日，K线收出一字涨停，股价向上突破横盘整理平台，说明市场开始发力推涨，为投资者跟进的机会。从后市走势来看，K线收出一字涨停后股价继续向上拉升，表现上涨且涨势强劲，涨幅较大。

第2章

K线组合透露的买入时机

除了单根K线之外，多根K线也能形成具有市场指示意义的K线组合，向投资者发出买入信号。而且K线组合发出的信号强度和可信程度，相比单根K线来说更强。因此，作为投资者要重点关注K线组合透露出的买入信号。

2.1 双根K线买入组合

市场中有许多由两根K线构成的K线组合，在走势不明的行情中发出买入信号，给投资者指明方向。抓住这些信号，投资者就有机会获得不错的投资回报。

2.1.1 双针探底

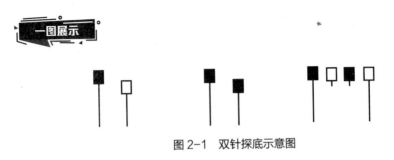

图 2-1 双针探底示意图

双针探底由两根带长下影线的K线组合而成，且两条下影线的最低价相同或接近，就像是两根探测针，探测股价的底部信息。两根K线之间可能没有间隔，也可能存在间隔，但是间隔的天数不能过多。另外，K线不限阴阳，实体不限大小。

双针探底形态通常出现在股价经过一轮下跌后的低位区域，是触底信号，代表后市有可能开启一轮新的上升行情，此时投资者可以考虑建仓。

应用实例

保利发展（600048）双针探底形态触底回升

图 2-2 为保利发展 2021 年 3 月至 8 月的 K 线图。

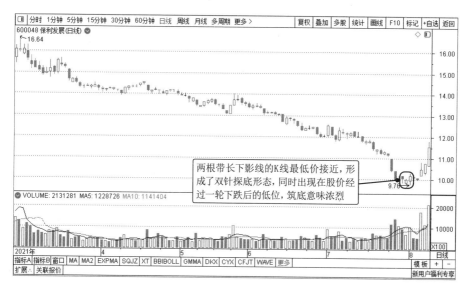

图 2-2　保利发展 2021 年 3 月至 8 月的 K 线图

从图 2-2 中可以看到，保利发展的股价处于不断下行的弱势行情之中，股价从相对高位处震荡下行，跌幅较深。2021 年 7 月底，股价下行至 10.00 元价位线附近跌势减缓，形成横盘。

7 月 29 日，股价高开低走，K 线在 10.00 元价位线上收出一根带长下影线的阴线，第二天 K 线低开高走收出一根小阳线，第三天股价低开后迅速下行刺探底部，触底后向上拉升，最终收出一根带长下影线的阳线，并创出 9.76 元的低价。

第一根带长下影线阴线的最低价为 9.82 元，与第二根带长下影线的阳线最低价大致相同，这两根 K 线形成了双针探底形态，且出现在一轮下跌后的低位区域，是触底信号。这说明场内空头动能释放完全，股价很有可能在此位置筑底，后市即将开启新一轮上涨，投资者可以在此位置建仓适量买进。

图 2-3 为保利发展 2021 年 7 月至 2022 年 4 月的 K 线图。

从图 2-3 中可以看到，双针探底形态出现后，保利发展的股价在 10.00 元价位线上筑底止跌，随后下方成交量放量，推动股价上行，由此转入震荡拉升的上涨行情之中。

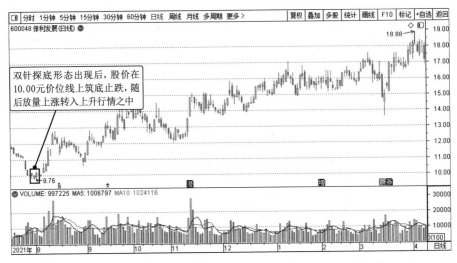

双针探底形态出现后，股价在10.00元价位线上筑底止跌，随后放量上涨转入上升行情之中

图 2-3　保利发展 2021 年 7 月至 2022 年 4 月的 K 线图

2.1.2　看涨待入线

一图展示

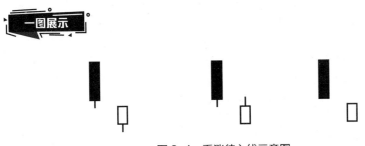

图 2-4　看涨待入线示意图

　　看涨待入线由两根 K 线组合而成，前一根为实体较长的阴线，后一根为实体较短的阳线，并且前面的阴线实体高于后面的阳线实体，二者之间有一段距离，形成一种待入形态。

　　看涨待入线是一种多头力量聚集、市场看涨的短线买入信号，通常出现在股价下跌后的低点位置，代表阶段见底或行情底。

需要注意的是，看涨待入线出现后投资者不要立即买入，可以先观察后市价格走势，发现明确的上涨迹象后再介入更好。

三木集团（000632）看涨待入线多头反攻

图 2-5 为三木集团 2021 年 6 月至 11 月的 K 线图。

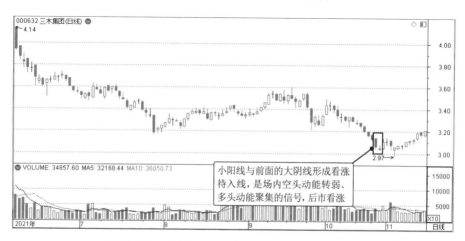

小阳线与前面的大阴线形成看涨待入线，是场内空头动能转弱、多头动能聚集的信号，后市看涨

图 2-5 三木集团 2021 年 6 月至 11 月的 K 线图

从图 2-5 中可以看到，三木集团处于弱势行情之中，股价从相对高位处向下跌落，于 7 月底跌至 3.20 元价位线附近时跌势渐缓，随后小幅回升后形成震荡。

2021 年 10 月，股价进一步下跌，并跌破 3.20 元价位线。10 月 27 日，K 线收出一根中阴线，直接将股价拉低至 3.00 元价位线附近。第二天股价向下低开，盘中小幅拉升，K 线收出一根小阳线，与前面的中阴线形成看涨待入线。

看涨待入线的出现说明场内的空头动能转弱，而多头动能逐渐增强，后市有可能迎来一波上涨，并且形态出现后的第二天，股价盘中拉升，K 线收出一根实体较长的中阳线，随后股价横盘整理。

这是大概率股价止跌触底的信号，说明三木集团的这一轮下跌可能见底，后市有可能转强。当股价上涨，且超过大阴线的一半以上时说明上涨可能开始，此时投资者可以试着介入。

图 2-6 为三木集团 2021 年 10 月至 2022 年 5 月的 K 线图。

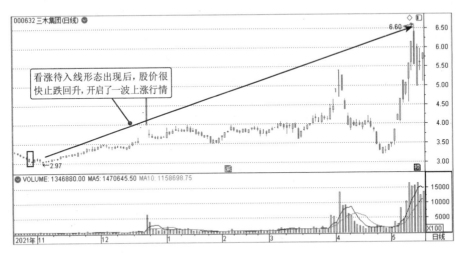

图 2-6　三木集团 2021 年 10 月至 2022 年 5 月的 K 线图

从图 2-6 中可以看到，看涨待入线形态出现后，股价很快止跌回升，开启了一波上涨行情，向上震荡攀升。截至 2022 年 5 月，股价最高拉升至 6.60 元，涨幅较大。

2.1.3　阴孕阳组合

图 2-7　阴孕阳组合示意图

知识精讲

阴孕阳由两根 K 线组成，第一根是实体较长的大阴线或中阴线，另一根是较小的阳线或十字星。第一根 K 线的实体全部包住了第二根 K 线，形态上看起来像是挺着大肚子的孕妇，所以称为阴孕阳。

在下跌末期，股价在底部区域拉出一根大阴线，说明场内空头占据优势。但是第二天股价并没有惯性低开，而是在昨天的 K 线实体内以高价开盘，说明多头开始发起反击，尽管空头竭力下压，但最终还是没能成功，K 线收出一根小阳线，形成阴孕阳组合。

股价下跌末期出现阴孕阳组合，是比较典型的买入信号，表明下跌趋势即将发生转变，市场将进入拉升行情。

鲁泰 A（000726）出现阴孕阳，止跌回升

图 2-8 为鲁泰 A 在 2021 年 3 月至 9 月的 K 线图。

图 2-8　鲁泰 A 在 2021 年 3 月至 9 月的 K 线图

从图 2-8 中可以看到，鲁泰 A 的股价处于弱势行情之中。2021 年 7 月下旬，股价连续收出多根阴线，进一步下跌至 5.50 元价位线下方。

仔细观察可以发现，7 月 28 日，股价高开低走，K 线收出一根中阴线。第二天股价在中阴线的实体内以高价开盘，说明多头开始发起反攻，最终 K 线收出一根小阳线，且前一日的阴线将小阳线全部包住，形成阴孕阳 K 线组合。

阴孕阳 K 线组合出现在行情的低位区域，是比较明显的底部信号，说明鲁泰 A 的这一波下跌行情即将见底，后市可能拐头上行。

图 2-9 为鲁泰 A 在 2021 年 7 月至 2022 年 1 月的 K 线图。

图 2-9　鲁泰 A 在 2021 年 7 月至 2022 年 1 月的 K 线图

从图 2-9 中可以看到，阴孕阳 K 线组合出现后，股价在 5.50 元价位线附近止跌筑底。2021 年 8 月下旬，股价开始缓慢攀升，并向上突破底部平台，随后转入强势行情之中。

2.1.4　曙光初现

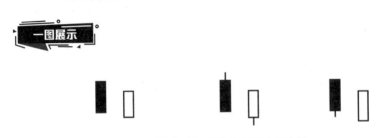

图 2-10　曙光初现组合示意图

曙光初现由一阴一阳的两根 K 线组合而成，前一根为下跌的大阴线，说明当日市场看跌气氛浓厚。第二天，股价向下跳空低开，开盘价低于前一天的最低价，收市时的收盘价却在前一天阴线的实体中上部。曙光初现通常出现在下跌的后期，阳线穿入阴线的幅度越大，反转信号越强。

金浦钛业（000545）曙光初现开启新一波上涨

图 2-11 为金浦钛业 2021 年 9 月至 2022 年 5 月的 K 线图。

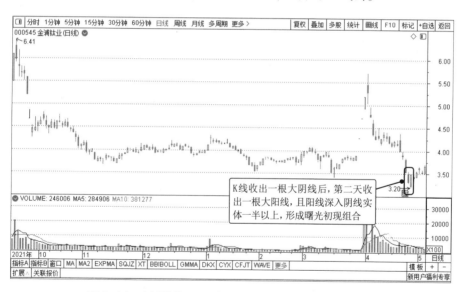

图 2-11　金浦钛业 2021 年 9 月至 2022 年 5 月的 K 线图

从图 2-11 中可以看到，金浦钛业处于弱势行情之中，股价下行，下方成交量表现极度缩量。2022 年 4 月，股价突然放量急涨至 5.50 元价位线附近后，再次止涨回落。

4 月 26 日，K 线收出一根低开低走的大阴线，将股价拉低至 3.50 元价位线下方。第二天股价向下跳空低开，继续表现弱势，但是盘中却拐头强势上涨，最终K线收出一根大阳线，且阳线实体深入前一根阴线实体一半以上。两根K线形成典型的曙光初现组合，说明股价筑底成功，后市可能开启一波新的上涨。

图2-12为金浦钛业2022年4月至8月的K线图。

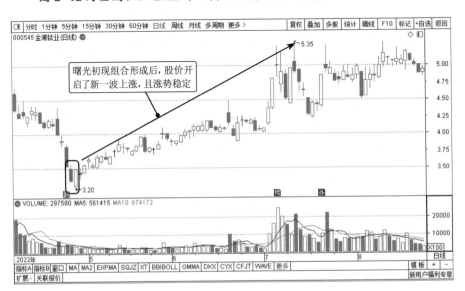

图2-12　金浦钛业2022年4月至8月的K线图

从图2-12中可以看到，曙光初现K线组合形成后，金浦钛业的股价在3.20元位置见底，随后开启了一波新的上涨，股价涨势稳定，涨幅较大。

2.2　三根K线买入组合

除了两根K线形成的K线组合之外，市场中还有很多由三根K线组合而成的，同样具有指示意义的买入K线组合。利用这些K线组合发出的信号，投资者可以更准确地研判市场走势，抓住投资机会。

2.2.1　红三兵

图 2-13　红三兵示意图

红三兵是比较常见的一种 K 线组合，它由三根依次上升的阳线组合而成，每天的收盘价都高于前一天的收盘价，每天的开盘价在前一天的实体之内，并且每根阳线的收盘价与当天的最高点相等或相近。

在股价下跌趋势后期出现红三兵 K 线组合，通常是市场的反转信号。尤其是在长期低位横盘过程中出现的红三兵形态，往往是股价上涨行情启动的标志。

海南椰岛（600238）红三兵出现，股价转入强势行情

图 2-14 为海南椰岛 2020 年 4 月至 12 月的 K 线图。

从图 2-14 中可以看到，海南椰岛的股价经过一轮下跌后开始回升，运行至 5.00 元价位线附近，并长期在 5.00 元价位线附近震荡运行。

2020 年 11 月，股价开始向上攀升，下方成交量出现放大迹象。股价上涨至 6.00 元价位线附近后止涨回落，跌至 5.00 元价位线附近后再次向上拉升。

12 月上旬，股价上涨至前期高点后遇阻横盘，接着 12 月 17 日至 21 日，K 线连续收出三根依次上涨的阳线，这三根阳线符合相应技术形态要求，形成了红三兵组合，且成交量放量，说明场内的多头占据绝对优势，后市可能迎来一波强势拉升，投资者可以趁机买进。

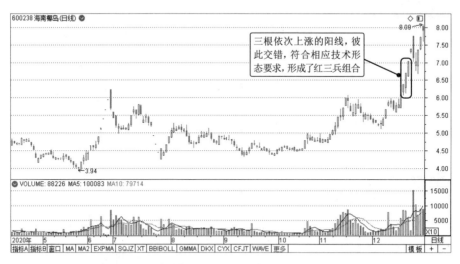

三根依次上涨的阳线，彼此交错，符合相应技术形态要求，形成了红三兵组合

图2-14 海南椰岛2020年4月至12月的K线图

图2-15为海南椰岛2020年11月至2021年6月的K线图。

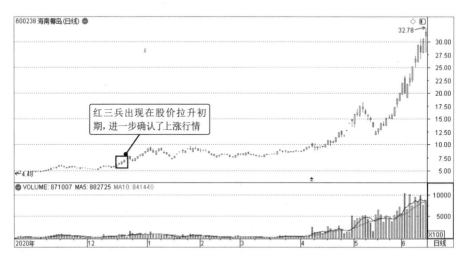

红三兵出现在股价拉升初期，进一步确认了上涨行情

图2-15 海南椰岛2020年11月至2021年6月的K线图

从图2-15中可以看到，在下跌的低位横盘后期，股价拉升的初始位置出现红三兵形态，进一步确认了上涨走势。股价在10.00元价位线附近横盘，

随后开启了大幅拉升的强势行情，截至 2021 年 6 月，最高上涨至 32.78 元。如果投资者在红三兵形态出现后趁机买进，即可享受这一轮上涨收益。

2.2.2 上涨两颗星

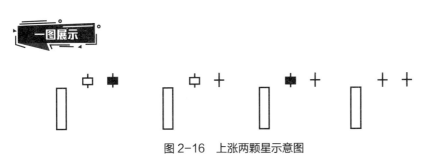

图 2-16 上涨两颗星示意图

上涨两颗星是由三根 K 线组合而成的形态，K 线首先收出一根实体较长的大阳线或中阳线，表示上涨，随后在阳线的上方出现两根并排实体较小的 K 线，表示上涨之后的"两颗星"。小 K 线可以是小阴线、小阳线，也可以是十字星线。

上涨两颗星是顺势追涨信号，投资者买进后成功追涨的可能性较大。无论是在上涨途中，还是在连续下跌的弱势行情中，一旦 K 线形成上涨两颗星形态，都可视作买进信号。

应用实例

三峡新材（600293）上涨途中出现上涨两颗星，涨势继续

图 2-17 为三峡新材 2021 年 2 月至 7 月的 K 线图。

从图 2-17 中可以看到，三峡新材处于不断上涨的强势行情之中，2021 年 2 月中旬，股价从 2.00 元价位线附近开始向上攀升，5 月底股价运行至 3.40 元价位线附近后止涨回落。

2021 年 7 月初，股价下行至 2.80 元价位线附近后止跌。7 月 5 日，股价小幅低开后，盘中大幅向上拉升，最终 K 线收出一根实体较长的大阳线。紧接着的两个交易日，K 线在大阳线的上方收出两根并排的实体较小的小阳线，由此形成了上涨两颗星组合。

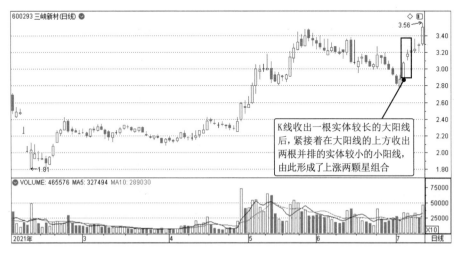

图 2-17　三峡新材 2021 年 2 月至 7 月的 K 线图

图 2-18 为三峡新材 2021 年 5 月至 8 月的 K 线图。

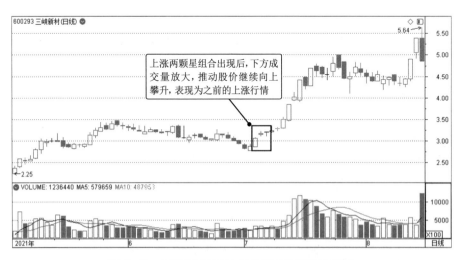

图 2-18　三峡新材 2021 年 5 月至 8 月的 K 线图

从图 2-18 中可以看到，上涨两颗星组合出现后，下方成交量放大，推动股价继续向上攀升，表现为之前的上涨行情，买入信号强烈，投资者可择机买进。可以看到，截至 2021 年 8 月股价最高上涨至 5.64 元，涨幅较大，涨速较快。

2.2.3　低位三连阴

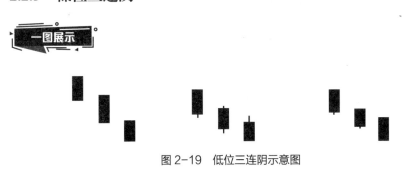

图 2-19　低位三连阴示意图

低位三连阴指的是连续三个交易日出现依次下跌的实体较长的阴线。在低位三连阴中，阴线的实体大致相同，或者是实体逐渐变长。

低位三连阴 K 线组合通常出现在股价经过很长一段时间下跌后的低位区域，此时空头动能已经得到了一定程度的释放，K 线突然连续三天收出实体较长的阴线，会使市场陷入恐慌。但这往往是股价的最后一跌，随之而来的可能是大幅反弹或中线上涨的行情。

博威合金（601137）股价下跌底部出现低位三连阴

图 2-20 为博威合金 2021 年 12 月至 2022 年 5 月的 K 线图。

从图 2-20 中可以看到，博威合金的股价处于不断下行的弱势行情之中。2022 年 4 月中旬，股价下行至 12.00 元价位线附近，跌势渐缓，并在该价位线上横盘整理。

随后股价突然急速下行，跌破横盘平台，并在 4 月 21 日、22 日和 25 日，

K 线收出连续三根依次下跌的大阴线，使得股价跌至 10.00 元价位线下方，并创出 9.32 元的新低。

这几根连续下跌的大阴线形成了低位三连阴组合，说明这一波下跌行情即将结束，后市可能止跌回升，转入新一轮上升行情之中。投资者可以在股价止跌回升，并且下方成交量出现放大迹象时买入。

图 2-20　博威合金 2021 年 12 月至 2022 年 5 月的 K 线图

图 2-21 为博威合金 2022 年 4 月至 8 月的 K 线图。

图 2-21　博威合金 2022 年 4 月至 8 月的 K 线图

从图 2-21 中可以看到，低位三连阴组合在博威合金下跌底部区域出现后，股价随即见底，并转入新一轮波动上行的强势行情之中。股价不断震荡向上，且涨势稳定，截至 2022 年 8 月最高上涨至 22.73 元，涨幅较大。

2.2.4　早晨之星

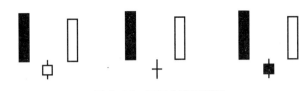

图 2-22　早晨之星示意图

早晨之星由三根 K 线组合而成，第一根是实体较长的阴线；第二根为向下跳空的小实体 K 线，不论阴阳、十字星线均可；第三根为长实体阳线，且阳线实体深入第一根阴线实体内部。

早晨之星也被称为启明星、希望之星，是比较常见的底部反转形态。一旦在股价的低位区域形成早晨之星形态，说明股价即将见底回升，后市看涨。

宁波韵升（600366）早晨之星形态发起见底回升信号

图 2-23 为宁波韵升 2021 年 12 月至 2022 年 5 月的 K 线图。

从图 2-23 中可以看到，宁波韵升的股价处于不断下行的弱势行情之中，股价从 16.00 元价位线上方的相对高位处向下跌落，在 2022 年 4 月下旬运行至8.00元价位线附近止跌横盘。

仔细观察可以发现，股价下行至9.50元价位线附近跌势减缓。接着4月25日，股价向下跳空低开低走，K线收出一根大阴线；第二天股价继续向下跳空低开收出一根实体较小的中阴线；第三天股价却低开高走，K线收出一根大阳线，且阳线实体深入第一根大阴线实体内部，这三根K线形成了典型的早晨之星组合形态。

早晨之星组合形态出现后，股价止跌并在8.00元价位线上横盘整理，说明宁波韵升的这一波下跌行情见底，后市可能迎来一波上涨。

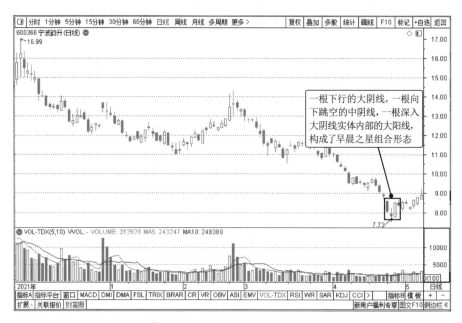

图2-23 宁波韵升2021年12月至2022年5月的K线图

图2-24为宁波韵升2022年4月至8月的K线图。

从图2-24中可以看到，早晨之星组合形态出现后，股价在7.73元位置见底回升，开启一轮新的上涨行情。股价震荡上行，涨势稳定，截至2022年8月最高上涨至15.15元，涨幅较大。

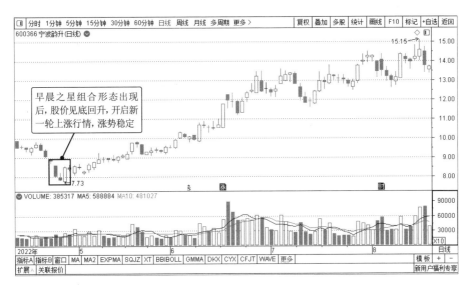

早晨之星组合形态出现后，股价见底回升，开启新一轮上涨行情，涨势稳定

图 2-24　宁波韵升 2022 年 4 月至 8 月的 K 线图

2.3　多根 K 线买入组合

多根 K 线指的是由三根以上的 K 线构成的 K 线组合。在股价波动变化的过程中，K 线可能会形成一些具有特殊市场意义的多根 K 线组合，借助这些 K 线组合，投资者可以及时抓住市场中的潜在投资机会。

2.3.1　上升三部曲

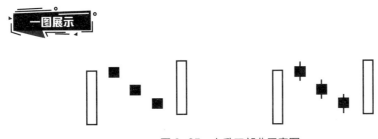

图 2-25　上升三部曲示意图

上升三部曲由五根大小不同的K线组成，K线先收出一根大阳线或中阳线，随后连续收出三根依次下跌的小阴线，且这几根阴线都没有跌破第一根阳线的最低价，最后K线再收出一根大阳线，收回前面几根阴线形成的跌势，形成类似英文字母"N"的形态。

需要注意的是，在实际的上升三部曲中，三根阴线有可能演变为多根K线。

上升三部曲通常出现在上涨途中，是一种买进信号，所以当投资者在上涨途中发现上升三部曲形态时，可以追涨买进。

同达创业（600647）上涨途中出现上升三部曲，涨势继续

图2-26为同达创业2021年11月至2022年7月的K线图。

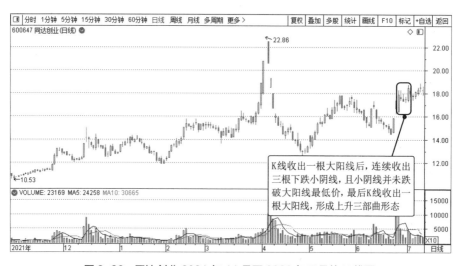

图2-26　同达创业2021年11月至2022年7月的K线图

从图2-26中可以看到，同达创业的股价处于波动上行的涨势行情之

中，股价从 10.00 元价位线附近的相对低位处开始向上攀升，涨幅较大。当股价上涨至 22.00 元价位线附近后止涨回落，下行至 13.00 元价位线附近止跌，再次形成上涨走势。

2022 年 6 月底，股价上涨至上一次高点，即 18.00 元价位线附近后再次止涨横盘，说明该价位线阻力较大，股价有回落迹象。但事实真的是这样吗？仔细查看横盘时的 K 线走势发现，6 月 27 日股价低开高走，K 线收出一根大阳线，后续 K 线连续收出三根下行的小阴线，7 月 1 日，K 线收出一根大阳线，收回前面几根小阴线造成的下跌，这五根连续的 K 线形成了上升三部曲形态。

上升三部曲出现在股价上涨途中，是典型的追涨信号，说明同达创业的这一波上涨并未结束，后市还有上涨空间，投资者可以在此位置追涨买进。

图 2-27 为同达创业 2022 年 4 月至 8 月的 K 线图。

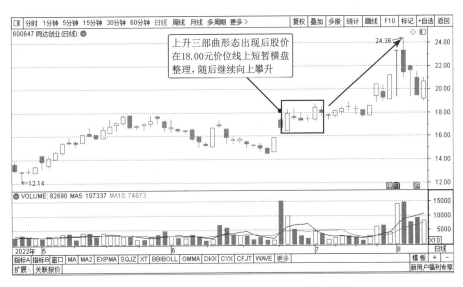

图 2-27　同达创业 2022 年 4 月至 8 月的 K 线图

从图 2-27 中可以看到，上升三部曲组合形态出现后股价在 18.00 元价位线上短暂横盘整理，随后继续向上攀升，表现之前的上涨走势，截至 2022 年 8 月，股价最高上涨至 24.36 元，涨幅较大。

2.3.2 低位五连阳

图 2-28 低位五连阳示意图

低位五连阳从名字上可以看出，其形成位置就是在股价下跌后的低位区域或上涨初期，由连续出现的五根阳线构成，阳线通常为小阳线（有时也可能出现实体稍长一点儿的阳线），可能带有上下影线，也可能没有，数量通常在五根或五根以上。五根小阳线可以是横盘震荡排列，也可以略微向右上方倾斜，但不允许五根小阳线向右下方倾斜。

在股价长期下跌后的低位区域，K线收出低位五连阳形态，下方成交量配合温和放量，说明股价已经探底成功，多头正在聚集力量准备发起反攻，后市可能走出一波上涨行情。

马钢股份（600808）股价的低位区域出现低位五连阳

图 2-29 为马钢股份 2020 年 7 月至 2021 年 2 月的 K 线图。

从图 2-29 中可以看到，马钢股份的股价经过一轮大幅下跌后运行至低位区域，下方成交量表现缩量。2021 年 2 月初，股价下行至 2.60 元价位线下方，创出 2.52 元的新低后止跌，随后 K 线连续收出四根依次小幅上扬的小阳线和一根实体稍长的阳线，形成低位五连阳形态，下方的成交量配合温和放量。

由此可见，马钢股份的这一轮下跌行情可能见底，买入信号的形成催促投资者做出决策，或买进或补仓。

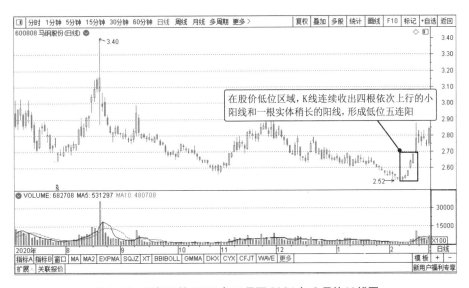

在股价低位区域，K线连续收出四根依次上行的小阳线和一根实体稍长的阳线，形成低位五连阳

图 2-29　马钢股份 2020 年 7 月至 2021 年 2 月的 K 线图

图 2-30 为马钢股份 2021 年 2 月至 9 月的 K 线图。

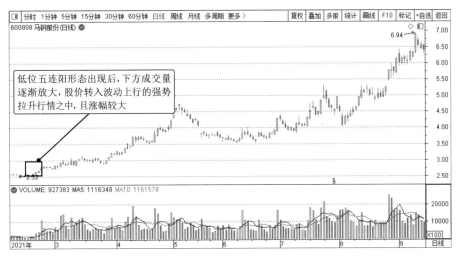

低位五连阳形态出现后，下方成交量逐渐放大，股价转入波动上行的强势拉升行情之中，且涨幅较大

图 2-30　马钢股份 2021 年 2 月至 9 月的 K 线图

从图 2-30 中可以看到，在股价低位区域，K 线收出五连阳之后，下方

成交量逐渐放大，股价转入强势拉升之中。股价不断波动上行，截至2021年9月最高上涨至6.94元，涨幅较大。如果投资者能够在低位底部区域发现低位五连阳形态，就有机会抓住这一轮上涨行情，获得不错的回报。

2.3.3 上档盘旋

图2-31 上档盘旋示意图

上档盘旋形态通常由多根K线组合而成，K线首先拉出一根力度较强的中阳线或大阳线，接着在阳线的上方收出几根，甚至是十几根阴阳相间的、横盘整理波动幅度较小的K线。

上档盘旋形态通常出现在股价上涨途中，是比较可靠的中继信号，后市看涨的可能性较大。一般而言，小K线的数量在5～14根比较合适，如果小K线超过14根，说明多方上攻意愿减弱，动能不足的情况下，后市有可能转入下跌趋势之中。

对于投资者而言，一旦在股价上涨途中发现上档盘旋K线形态，可在股价横盘结束、放量上涨时介入。

建发股份（600153）上涨途中，K线形成上档盘旋形态

图2-32为建发股份2021年9月至2022年3月的K线图。

从图 2-32 中可以看到，建发股份处于稳定向上的强势行情之中，股价从相对低位处不断攀升。2022 年 2 月初，股价上涨至 10.00 元价位线附近，小幅回调至 9.50 元价位线上后止跌。

2022 年 2 月 18 日，K 线收出一根低开高走的大阳线，再次将股价拉升至 10.00 元价位线附近。随后在大阳线的上方，K 线连续收出多根阴阳相间的小 K 线，股价横向调整，但波动幅度不大，与大阳线形成了上档盘旋形态。

上档盘旋形态出现在股价上涨途中，说明场内多头正在调整，一旦调整结束，股价将继续上涨。

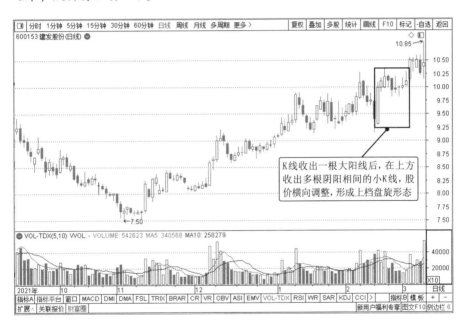

图 2-32　建发股份 2021 年 9 月至 2022 年 3 月的 K 线图

图 2-33 所示为建发股份 2021 年 11 月至 2022 年 4 月的 K 线图。

从图 2-33 中可以看到，上档盘旋形态出现后，股价在 10.00 元价位线上横盘波动调整，但不久后下方成交量放大，带动股价上行。经过 1 个月左右的时间，股价从 10.00 元价位线附近攀升至 15.00 元价位线附近，涨幅较大，涨速较快。

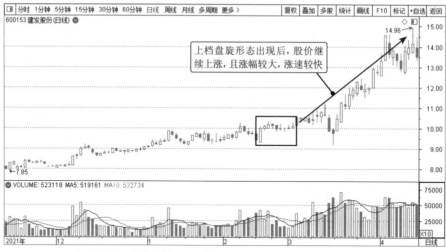

图 2-33　建发股份 2021 年 11 月至 2022 年 4 月的 K 线图

2.3.4　多方尖兵

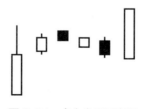

图 2-34　多方尖兵示意图

　　多方尖兵 K 线形态由多根 K 线组合而成，K 线先拉出一根带有较长上影线的大阳线或者中阳线，随后收出一些波动幅度较小的 K 线，这些 K 线的最低点都没有跌破第一根阳线的最低价，最后 K 线收出一根阳线，并将第一根阳线的上影线完全吞没，并创出近期股价新高。

多方尖兵形态通常出现于上升趋势之中，它是多方进攻前的试盘，也是比较强烈的买进信号。投资者若在上涨趋势之中发现该形态，可以择机买进。

科力远（600478）上涨途中，K 线形成多方尖兵形态

图 2-35 为科力远 2021 年 1 月至 7 月的 K 线图。

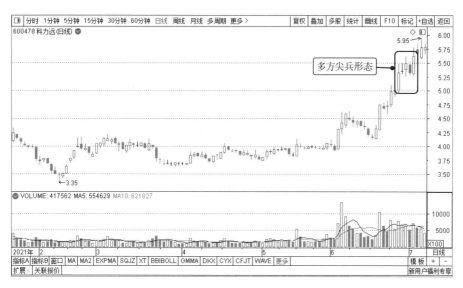

图 2-35　科力远 2021 年 1 月至 7 月的 K 线图

从图 2-35 中可以看出，科力远经过一轮下跌后运行至 3.50 元价位线下方的低位区域，创出 3.35 元的低价后止跌回升，随后在 3.75 元价位线附近横盘整理，于 2021 年 6 月开启了一波上涨，股价涨势稳定。

6 月 28 日，股价盘中向上大幅拉升，K 线收出一根带长上影线的大阳线。接着 K 线连续收出数根小 K 线，且小 K 线的最低点都没有跌破第一根阳线的最低价。最后，K 线再拉出一根大阳线，且完全吞没第一根阳线的上影线，并创出近期股价新高，这几根 K 线形成了多方尖兵形态。

多方尖兵形态出现在上升途中，说明是一种中继整理形态，场内多头借助多方尖兵形态进行短暂休整，一旦整理结束，股价将继续上涨。投资者可以在多方尖兵形态形成后的第二天买进。

图2-36为科力远2021年5月至9月的K线图。

从图2-36中可以看到，多方尖兵形态出现后，股价继续上涨，截至8月底最高上涨至8.47元，涨幅较大。由此可见，多方尖兵形态是比较可靠的中继形态，投资者如果利用该形态追涨，将有机会获得不错的投资回报。

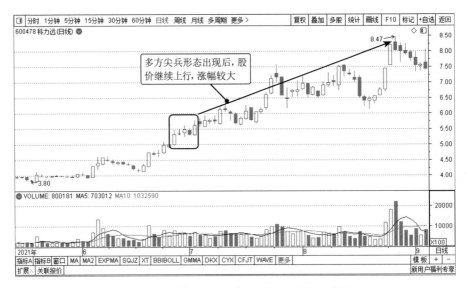

图2-36　科力远2021年5月至9月的K线图

第3章

K线形态中的买点分析

K线在随着市场波动变化的过程中会形成一些特殊的、具有指示意义的长期形态，例如双重底、三重底、头肩底等，利用这些形态，投资者可以进一步掌握当前的股价走势，找到恰当的买点，做出正确的投资决策。

3.1　K 线底部反转形态

对于很多投资者而言，最困难的就是判断行情底部，一旦判断失误，将遭受重大的经济损失。此时，投资者可以利用一些比较实用的 K 线底部反转形态来帮助判断，从而提高准确率。

3.1.1　双重底形态

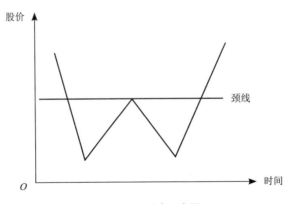

图 3-1　双重底示意图

双重底形态是比较常见的底部反转形态，因为形态类似英文字母"W"，所以也被称为 W 底形态。双重底通常出现在股价经过一轮下跌后的低位区域，市场因为超跌形成反弹，此时出现第一个低点，然后获利盘的下压使得股价再次下跌，跌至前期低点附近止跌，形成两个大致相同的低点，构成双底形态。

其中，股价第一次冲高回落后的顶点称为颈部，当股价放量突破颈线时，说明筑底完成，后市即将开启一轮上涨，投资者可买进。

在实际操作中利用双重底形态做买入分析时，要注意以下几点。

①双重底形态构筑的时间越长越有效，一般来说两个低点的距离要在一个月以上，构筑时间如果小于一个月则无法确认有效。

②在实际操作中，也会出现双重底的两个低点不在同一水平线上的情况，通常第二个低点都较第一个低点稍高，但是同样有效。

③第二底形成并突破颈线的过程必须要有成交量的配合，如果量能不放大跟进，则反转力度将大打折扣，可能有诱多风险。

④股价在突破压力线之后，常常有回踩情况，若在颈线附近止跌回升，就能确认向上突破有效。

粤高速 A（000429）双重底形态筑底回升

图 3-2 为粤高速 A 在 2020 年 8 月至 2021 年 2 月的 K 线图。

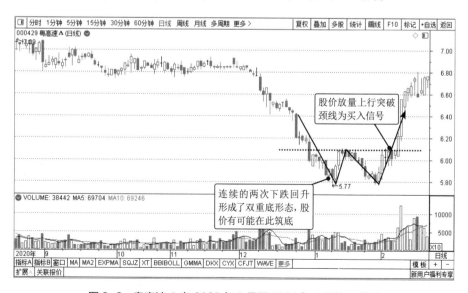

图 3-2　粤高速 A 在 2020 年 8 月至 2021 年 2 月的 K 线图

从图 3-2 中可以看到，粤高速 A 处于不断下跌的弱势行情之中，2021 年 1 月上旬，股价下行至 5.80 元价位线附近，创出 5.77 元的新低后止跌回升。但上涨至 6.10 元价位线附近后止涨回落，一路下滑至前期低点 5.80 元价位线附近后受到支撑再次上涨。

这连续的两次下跌回升，形成了两个大致处于同一水平位置的低点，构成双重底形态，说明粤高速 A 的股价有可能在此位置筑底。

后续股价向上拉升，当上涨至双重底颈线位置时，下方成交量明显放大，带动股价向上一举突破颈线，说明粤高速 A 新一轮上涨基本确定，投资者可以在此位置买入跟进。

图 3-3 为粤高速 A 在 2020 年 12 月至 2021 年 5 月的 K 线图。

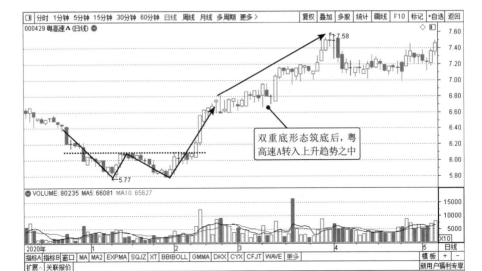

图 3-3　粤高速 A 在 2020 年 12 月至 2021 年 5 月的 K 线图

从图 3-3 中可以看到，双重底形态形成后，粤高速 A 转入不断上行的上升趋势之中，股价不断向上抬高，涨幅较大，涨势稳定。如果前期投资者在发现双重底形态时留心注意，在股价涨势确定时买入跟进，就可以抓住这一轮上涨行情。

3.1.2　V 形底形态

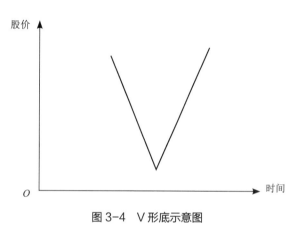

图 3-4　V 形底示意图

V 形底也被称为尖底形态，是一种变化极快、转势力度极强的反转形态，通常出现在股价经过一番下跌后的底部区域。股价先是连续快速下跌，使得市场陷入恐慌状态，接着又急速上涨，下方成交量同步放量，使得股价在 K 线图中形成一个尖尖的 V 形底。

在实际投资中，投资者利用 V 形底操盘时需要注意以下几点。

①V 形底形成的时间非常短，转势速度非常快，当股价止跌回升时说明多方取得了主动，占据绝对优势。但是，股价往往不会直接向上拉升，而是在一定位置上进行横盘整理，以便后市更好地上冲。股价经过一段时间的整理后恢复上攻，其攻势可能会更猛。

②通常情况下，V 形底形态的最低价就是投资者的止损位。股价一旦跌破此位置，说明该形态失败，投资者应立即抛售持股。

③V 形底形成过程中，股价下跌时，成交量大多会呈现萎缩态势，

当股价反向上攻时，成交量会同步放大，并且量能越大，未来股价上涨的幅度和可能性也越大。

创元科技（000551）V 形底形态行情反转

图 3-5 为创元科技 2021 年 9 月至 2022 年 6 月的 K 线图。

图 3-5　创元科技 2021 年 9 月至 2022 年 6 月的 K 线图

从图 3-5 中可以看到，创元科技的股价处于震荡下行的弱势行情之中，重心不断下移。2022 年 4 月中旬，股价下行至 8.00 元价位线附近后跌势减缓，并在该价位线上横盘整理。接着 K 线突然连续收出多根急速下跌的阴线，将股价拉低至 7.00 元价位线下方，在创出 6.40 元的新低后，K 线又连续收出多根阳线向上拉升，下方成交量配合放大。

这一跌一涨形成的 V 形底形态，说明创元科技的这一轮下跌行情很可能已经见底，场内的空头势能释放完全，后市有可能迎来一波新的上涨，投资者可以趁机买进。

图 3-6 为创元科技 2022 年 4 月至 9 月的 K 线图。

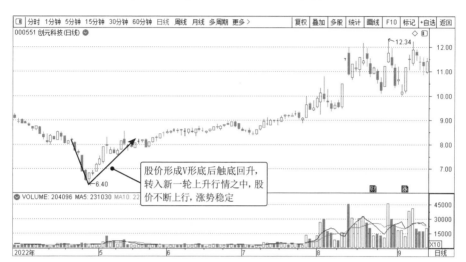

图 3-6　创元科技 2022 年 4 月至 9 月的 K 线图

从图 3-6 中可以看到，V 形底形态出现后，股价在 6.40 元位置见底回升，转入新的强势行情之中，股价波动上行，涨势稳定，截至 2022 年 9 月最高上行至 12.00 元价位线上方，涨幅较大。

3.1.3　三重底形态

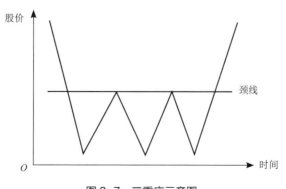

图 3-7　三重底示意图

　　三重底形态是在股价经过长期下跌后的低位，由三个大致处于同一水平位置的低点组成，它与双重底形态类似，但比双重底多一个低点，也是一个比双重底更加可靠的底部形态。

　　股价进入低位区域后，经过三次压低，三次反弹，形成了三个基本保持水平的低点，彻底消耗了空头动能。当第三次反弹过程中，股价放量拉升突破三重底颈线时，表示筑底完成，新一轮上升行情确定，投资者可以跟进。

　　在实际的投资中，投资者利用三重底形态操盘时要注意以下几点。

　　①三重底的颈线和底部连线大致水平，所以它具有类似矩形的特征。

　　②三重底的低点与低点的间隔距离不必相等。

　　③三重底形态是比较可靠的行情反转信号，出现该形态说明股价筑底完成，未来上涨的概率较大，当股价向上突破颈线时，是投资者的买进机会。

　　④三重底形态筑底的时间越长，说明底部换手越充分，未来股价上行的概率越大。

金圆股份（000546）三重底形态筑底回升

　　图 3-8 为金圆股份 2020 年 11 月至 2021 年 9 月的 K 线图。

　　从图 3-8 中可以看到，金圆股份经过一轮下跌后运行至 8.00 元价位线下方的低位区域。2021 年 2 月初，股价运行至 6.50 元价位线附近后止跌反弹，上涨至 8.00 元价位线附近回落。4 月底，股价跌至前期低点附近时再次反弹，上涨至前期高点 8.00 元价位线附近时遇阻回落。8 月，股价又形成了一次下跌后的上涨，低点与高点分别与前期相当。

　　股价经过三次连续下跌反弹，形成三个大致处于同一水平位置的低点和两个大致处于同一水平位置的高点,构成三重底形态。股价借助三重底形态筑底,释放场内的空头动能。

9 月,下方成交量明显放大,带动股价向上拉升,并突破三重底形态的颈线位置,说明三重底形态筑底完成,新一轮涨势大概率确定,投资者可以在此位置买入跟进。

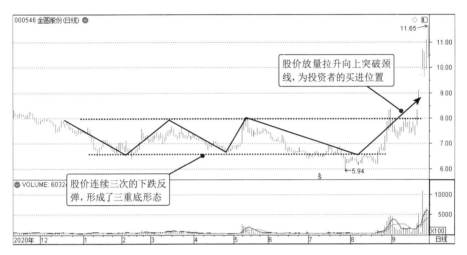

图 3-8 金圆股份 2020 年 11 月至 2021 年 9 月的 K 线图

图 3-9 为金圆股份 2020 年 11 月至 2022 年 3 月的 K 线图。

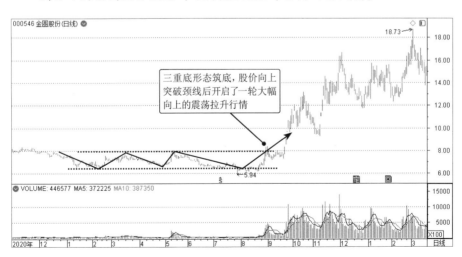

图 3-9 金圆股份 2020 年 11 月至 2022 年 3 月的 K 线图

从图3-9中可以看到，金圆股份形成三重底形态完成筑底后，彻底转入强势拉升行情之中，股价重心不断上行，截至2022年3月最高上涨至18.73元，涨幅较大。

3.1.4 头肩底形态

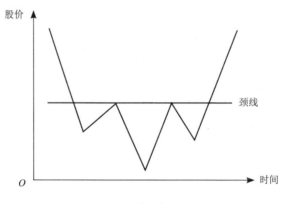

图 3-10 头肩底示意图

头肩底形态是实战中经常出现的一种底部转势形态，通常出现在下跌行情的末期。

股价首先急速下跌，然后止跌反弹形成第一个波谷，也就是左肩。接着股价反弹受阻，再次下跌，并跌破前一低点，然后再次止跌反弹，形成了第二个波谷，也就是头部。当股价反弹至第一次反弹高点附近时受阻，使得股价第三次下跌，跌至第一次波谷相近位置时便止跌回升，形成第三个波谷，也就是右肩。

在实际投资中，投资者利用头肩底形态操盘时要注意以下几点。

①股价第一次反弹高点和第二次反弹高点，连接起来就是一根阻碍股价上涨的"颈线"，但是颈线不一定是平行的，实际上可以向上或向下形成一定的倾斜。

②股价向上突破颈线后，可能一路上扬表现为上涨行情，也可能回踩颈线，然后再向上拉升。

③当股价放量拉升突破颈线时，为激进型投资者的买入机会，而谨慎型的投资者更青睐于股价回踩完成，涨势确定之后再介入。

东望时代（600052）头肩底形态筑底

图 3-11 为东望时代 2020 年 7 月至 2021 年 4 月的 K 线图。

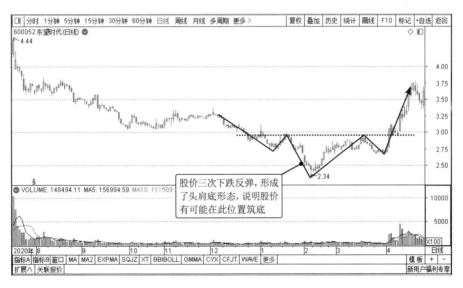

图 3-11　东望时代 2020 年 7 月至 2021 年 4 月的 K 线图

从图 3-11 可以看到，东望时代处于不断下行的弱势行情之中，2020 年 10 月，股价下行至 3.00 元价位线附近后跌势减缓，随后在 3.00 元至 3.25 元进行横盘窄幅波动。

12月下旬，股价进一步下行，跌破横盘整理区间，运行至2.75元价位线附近后止跌回升，形成第一个低点。当股价上涨至3.00元价位线附近后止涨回落，此次股价跌破前期低点，并运行至2.50元下方，创出2.34元的新低后止跌回升，形成第二个低点。当股价上涨至前期高点3.00元价位线附近后再次回落，跌至第一个低点2.75元价位线附近时便止跌回升，形成第三个低点。第一个低点和第三个低点大致处于同一水平位置上，由此形成了头肩底形态的雏形。

2021年4月，股价放量上涨并向上突破颈线，随后回踩颈线后继续上行，头肩底形态确定，说明场内空头动能释放完全，股价有可能在此位置筑底，后市将迎来一轮新的上涨。颈线被突破的位置就是买点，投资者可以跟进买入。

图3-12为东望时代2020年12月至2022年1月的K线图。

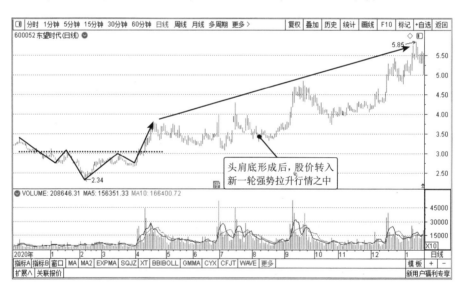

图3-12　东望时代2020年12月至2022年1月的K线图

从图3-12中可以看到，K线在低位形成头肩底形态后，股价转入一轮新的拉升行情之中，股价不断向上运行，下方成交量配合放大，整体涨势稳定，涨幅较大。

3.1.5 圆弧底

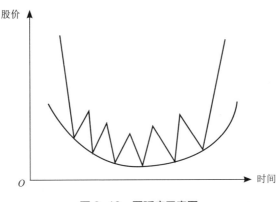

图 3-13 圆弧底示意图

圆弧底是一种极具上涨动力的底部形态，也属于盘整形态，通常出现在股价的底部区域。经过长时间的下跌，市场中抛压逐渐消失，空头动能基本释放完毕，但因长期下跌，多头更为谨慎，行情无法立即上涨，只能停留底部长期休整，陷入胶着状态。

股价先是缓慢下滑，在跌势趋缓并止跌，于底部横盘少许时日后，又缓慢回升，每次回落点都略高于前一个低点，整个形态就像一个圆弧，所以被称为圆弧底或圆底。

在实际投资中要注意以下几点。

①圆弧内的 K 线多为小 K 线，小阴线或小阳线都可以。

②最后股价向上跳空形成缺口，说明圆弧底成立，投资者可以在股价放量拉升时买进。

③圆弧底形成的时间比较长，通常需要几个月甚至更长的时间。

中集集团（000039）圆弧底构筑底部

图 3-14 为中集集团 2019 年 12 月至 2020 年 10 月的 K 线图。

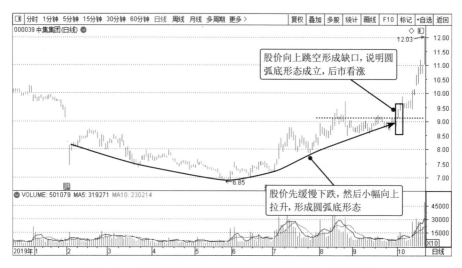

图 3-14　中集集团 2019 年 12 月至 2020 年 10 月的 K 线图

从图 3-14 中可以看到，中集集团的股价处于不断下行的弱势行情之中。2020 年 2 月初，股价下行至 8.00 元价位线附近后跌势减缓，K 线收出大量小 K 线，使得股价缓慢下行。经过 4 个月左右的时间，股价才跌至 7.00 元价位线附近，在创出 6.85 元的新低后短暂横盘调整，接着开始回升。但是股价并没有大幅向上攀升，而是缓慢回升，每次回落点都略高于前一低点，形成圆弧底形态。

圆弧底形态出现在行情的底部区域，说明场内的空头动能基本释放完全，股价可能完成筑底，下方成交量开始逐渐放量，场内多头聚集，后市可能迎来一波拉升行情。

2020 年 10 月 9 日，股价向上跳空形成缺口，K 线收出一根阳线，说明圆弧底形态成立，新一轮上涨行情即将开启，投资者可以积极跟进。

图 3-15 为中集集团 2020 年 2 月至 2021 年 1 月的 K 线图。

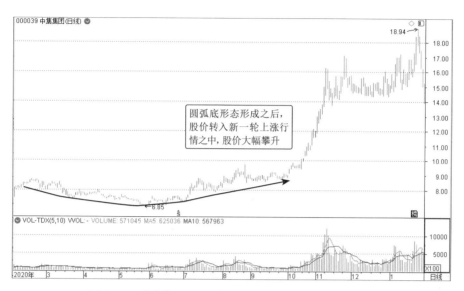

图 3-15　中集集团 2020 年 2 月至 2021 年 1 月的 K 线图

从图 3-15 中可以看到，圆弧底形态形成之后，股价转入了新一轮上涨行情之中，股价向上大幅攀升，经过一个多月的时间将股价拉升至 16.00 元价位线上方，涨势强烈。

3.1.6　岛形底形态

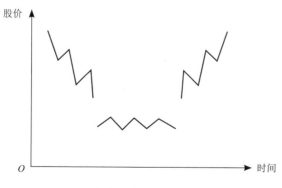

图 3-16　岛形底示意图

岛形底形态是常见的转势技术形态，经常出现在长期或中期趋势的底部。岛形底反转是指股价震荡下跌，忽然收出向下的跳空缺口，接着股价在底部徘徊，不久之后回升，但是缺口一直没有回补，某一时刻又收出一个向上的跳空缺口。两边的缺口大约在同一价格区域，使底部区域的众多K线看起来就像是一个岛屿。当股价放量向上跳空突破时，是见底回升的信号，投资者可以建仓。

在实际投资中，投资者要注意以下几点。

①岛形底的第一个缺口是消耗性缺口，用来结束之前的下跌趋势；第二个缺口则为突破性缺口，用来突破之前的趋势。

②两个缺口的时间间隔短则数个交易日，长则几个星期。

德赛电池（000049）岛形底形态反转回升

图3-17为德赛电池2021年12月至2022年5月的K线图。

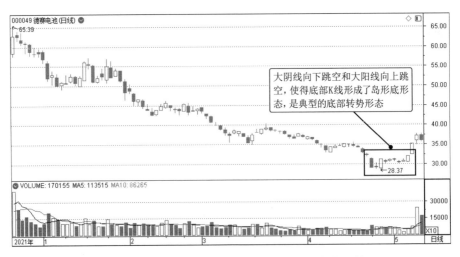

图3-17 德赛电池2021年12月至2022年5月的K线图

从图 3-17 中可以看到，德赛电池的股价处于不断震荡下行的弱势行情之中，股价从相对高位处向下跌落，跌势沉重，跌幅较大。2022 年 4 月，股价下行至 35.00 元价位线附近后跌势减缓，横盘数日后小幅向下滑落。

4 月 25 日，盘中大幅下跌，K 线收出一根大阴线，使得股价向下跳空形成缺口，跌至 30.00 元价位线附近，随后在该价位线上横盘整理。5 月 11 日，盘中直线拉升至涨停，K 线收出一根涨停大阳线，股价向上跳空形成缺口。

大阴线向下跳空和大阳线向上跳空，使得底部 K 线形成了岛形底形态，是典型的底部转势形态，说明德赛电池的这一轮下跌行情已经触底，后市可能即将转入新的上涨行情之中，投资者可以买进。

图 3-18 为德赛电池 2022 年 3 月至 8 月的 K 线图。

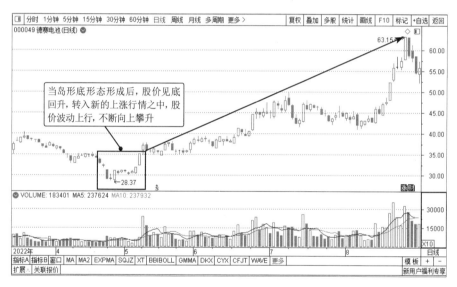

图 3-18　德赛电池 2022 年 3 月至 8 月的 K 线图

从图 3-18 中可以看到，岛形底形态形成后，股价转入新的上涨行情之中，不断向上攀升，截至 2022 年 8 月，最高上涨至 63.15 元，涨幅巨大。如果前期投资者抓住时机跟进，可获得这一波上涨收益。

3.2 K线整理形态涨势继续

当股价上涨一段后不再前进，而是在一定区域内上下波动，许多持股投资者就会陷入恐慌，唯恐股价见顶被套。此时，投资者可以借助整理形态来判断顶部是否到来。整理形态是一种中继形态，如果股价在上涨过程中形成这种形态，说明此时的止涨可能只是上涨途中的调整，后市仍然看涨，投资者可以继续持股或是趁机加仓。

3.2.1 上升三角形形态

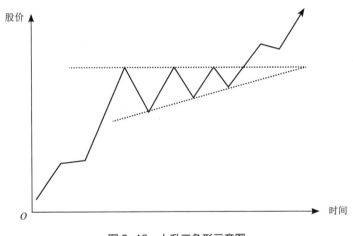

图 3-19 上升三角形示意图

上升三角形是比较常见的一种上涨中继形态，股价上涨至某一高点后止涨回落，跌至某一价位时止跌冲高，上涨至前期高点时再次遇阻回落，但价格还未回到上次低点便开始上升，如此反复。股价的高点几乎处于同

一水平线上，而每次回落的低点却不断抬高，此时分别连接高点和低点，可以得到一条明显的水平阻力线和向右上方运行的支撑线，形成三角形形态。

当股价放量突破上升三角形的水平阻力线时，说明整理结束，涨势继续。需要注意的是，有时候股价放量突破水平阻力线后可能会回踩，在水平线附近止跌回升后，就能确认向上突破的有效性。

东阿阿胶（000423）上升途中的上升三角形整理形态

图 3-20 为东阿阿胶 2020 年 3 月至 8 月的 K 线图。

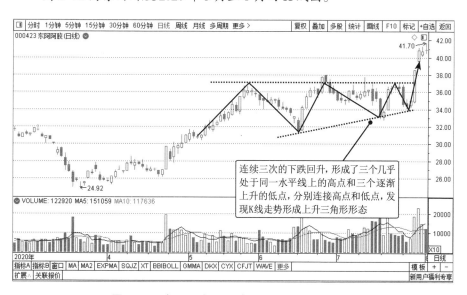

连续三次的下跌回升，形成了三个几乎处于同一水平线上的高点和三个逐渐上升的低点，分别连接高点和低点，发现K线走势形成上升三角形形态

图 3-20　东阿阿胶 2020 年 3 月至 8 月的 K 线图

从图 3-20 中可以看到，东阿阿胶的股价前期经过一轮下跌后，运行至 26.00 元价位线下方的低位区域，创出 24.92 元的新低后止跌，在 26.00 元至 28.00 元横盘整理一段后开始放量上涨，转入上升趋势中。

2020 年 5 月下旬，股价上涨至 37.00 元价位线附近后止涨回落，下行至

32.00 元价位线附近后止跌发起上攻。但是，当股价上行至前期高点附近后再次遇阻回落，随后下行至 33.00 元价位线附近止跌回升。

后续股价又经历了一次涨跌变化，高点依旧位于 37.00 元价位线附近，低点则上移到了 34.00 元价位线。

连续三次的下跌回升，形成了三个几乎处于同一水平线上的高点和三个逐渐上升的低点，分别连接高点和低点，发现 K 线走势形成上升三角形形态，说明为了更好地拉升股价，市场正在调整，一旦整理结束，股价将继续表现上涨趋势。

2020 年 7 月底，成交量放量带动股价向上强势拉升，一举突破上升三角形的上边压力线，并运行至 38.00 元价位线上方，说明股价整理结束，涨势继续，投资者可以在此时追涨买进。

图 3-21 为东阿阿胶 2020 年 3 月至 12 月的 K 线图。

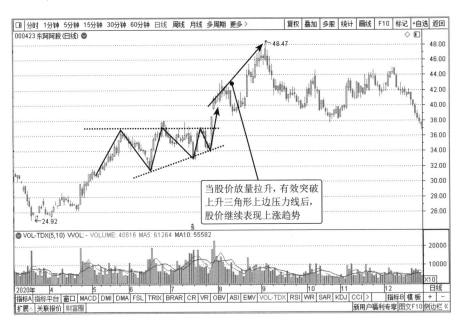

图 3-21　东阿阿胶 2020 年 3 月至 12 月的 K 线图

从图 3-21 中可以看到，当股价放量拉升，有效突破上升三角形的上边压力线后，东阿阿胶的股价继续表现之前的上涨趋势，截至 2020 年 9 月，最高上涨至 48.47 元，涨幅较大，涨势强烈。若投资者利用上升三角形加仓或买进，将有机会获得一笔投资收益。

3.2.2　上升旗形形态

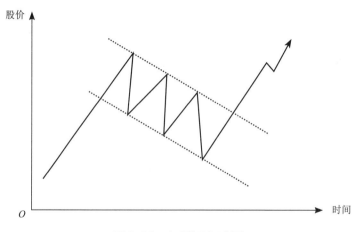

图 3-22　上升旗形示意图

在上升行情中，快速的拉升使得股价上涨至某一价位后止涨，然后进入调整走势，股价在一个狭窄的范围内波动运行，且一波比一波低，分别连接波动时的高点和低点，发现形成了两条近乎平行且下倾的直线，这就是上升旗形。

上升旗形是典型的中继形态，它并不会改变股价原来的上升趋势。当下方成交量放大，带动股价向上突破上升旗形的上边压力线时，说明整理结束，股价将继续表现上涨行情。

徐工机械（000425）上升旗形股价波动整理

图 3-23 为徐工机械 2020 年 4 月至 2021 年 1 月的 K 线图。

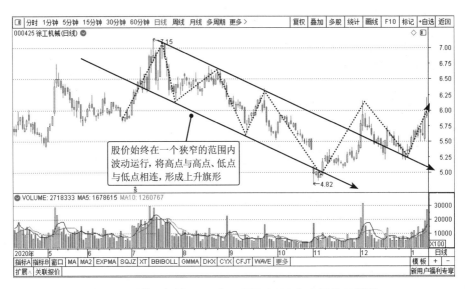

图 3-23　徐工机械 2020 年 4 月至 2021 年 1 月的 K 线图

从图 3-23 中可以看到，徐工机械的股价前期处于上涨行情之中，股价震荡向上涨势稳定。2020 年 7 月中旬，股价上涨至 7.00 元价位线附近创出 7.15 元的新高后止涨，随后出现见顶回落的迹象。

但仔细观察股价后续的走势发现，股价在震荡中斜向下方运行，分别连接高点与高点、低点与低点，形成了一个向下倾斜的通道，可以看出符合上升旗形的技术形态要求。那么，形成于上涨过程中的上升旗形，说明徐工机械的这一轮上涨行情并未结束，此时是整理阶段，后市依旧看涨。

2020 年 12 月初，下方成交量突然放量，带动股价上涨并一举突破上升旗形的上边压力线，将股价拉升至 6.00 元价位线附近。然后股价止涨回落，跌至上升旗形上边线附近便止跌回升，这一回踩走势进一步确认了突破的有效性。投资者可以在此位置买进，持股待涨。

图 3-24 为徐工机械 2020 年 6 月至 2021 年 4 月的 K 线图。

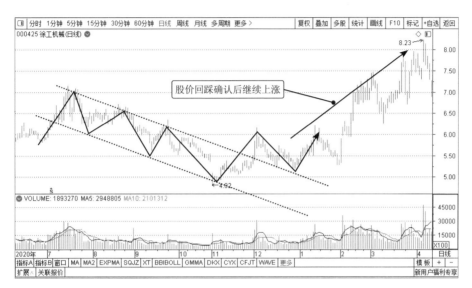

图 3-24   徐工机械 2020 年 6 月至 2021 年 4 月的 K 线图

从图 3-24 中可以看到，2020 年 12 月初股价完成回踩，确认突破的有效性后继续上涨，整体向上波动运行，涨幅较大，涨势稳定。

3.2.3   上升矩形形态

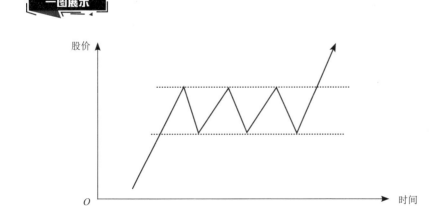

图 3-25   上升矩形示意图

上升矩形是比较常见的一种出现在上涨途中的整理形态，股价上涨至某一价位后遇到较强的阻力而回落，跌至某一低点后获得支撑止跌回升，随后股价便在这一阻力位和支撑位形成的区间内反复波动，形成上升矩形形态。

上升矩形形态的出现，说明多空双方在此区域内达成了平衡，谁也没有占据绝对的优势。当股价放量拉升，向上突破矩形上边压力线，说明多头战胜空头，股价继续上涨。此时是投资者的买入时机。

在实际投资操盘中，投资者要注意以下几点。

①上升矩形突破后，股价通常会回踩，以确认矩形上边线的支撑作用。如果股价没有跌到该线的下方，则上升矩形整理形态成立，否则形态失败。

②上升矩形中有两个买入点，第一个比较适合激进的投资者，就是当上升矩形压力线被突破时，但为了防止上升矩形形态失效造成损失，投资者要做好随时出局的准备。第二个买入点适合稳健的投资者，就是当股价突破颈线后回踩受到支撑，再度放量上攻时。

③上升矩形形成的过程中成交量应该是不断缩减的。如果在形态形成期间有不规则的高成交量出现，则形态可能会失败。当股价突破上升矩形的上边线时，必须有成交量放大的配合，否则突破成功的概率比较低。

北方稀土（600111）上升矩形整理分析

图 3-26 为北方稀土 2020 年 10 月至 2021 年 7 月的 K 线图。

从图 3-26 中可以看到，北方稀土处于不断上涨的强势拉升行情之中，涨势稳定，涨幅较大。2021 年 3 月初，股价上行至 24.00 元价位线附近时遇阻滞涨，短暂整理后开始下行，跌至 18.00 元价位线附近时获得支撑止跌回升。随后，股价便在 18.00 元至 22.50 元反复波动，上行至阻力位滞涨回落，下行至支撑位止跌回升，形成上升矩形形态。

　　上升矩形形态的出现，说明场内的多空双方在此阶段中形成平衡，没有哪一方占据绝对优势。7 月，成交量放量推动股价上行，并一举突破上升矩形上边线，说明多空平衡的状态被打破，多头在多空博弈中胜出，后市继续上涨的可能性较大。

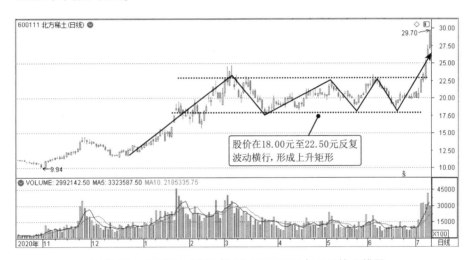

图 3-26　北方稀土 2020 年 10 月至 2021 年 7 月的 K 线图

　　图 3-27 为北方稀土 2021 年 1 月至 9 月的 K 线图。

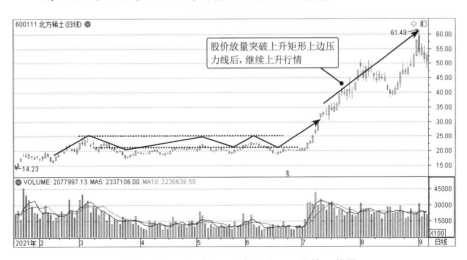

图 3-27　北方稀土 2021 年 1 月至 9 月的 K 线图

从图 3-27 中可以看到，股价放量突破上升矩形上边压力线后继续上升，涨势稳定，涨幅较大。如果投资者能够在前期择机买入跟进，将有机会抓住这一波上涨收益。

3.2.4 下降楔形形态

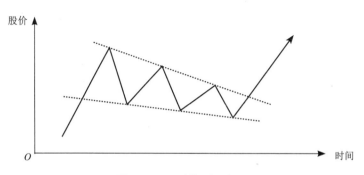

图 3-28 下降楔形示意图

下降楔形也常常被称为下倾楔形，通常出现在上升趋势之中。股价上涨至某一高位后滞涨震荡回调，在此过程中高点不断下降，低点也不断下移，使得震荡区间不断受到挤压。

分别连接震荡回调过程中的高点和低点，发现两条直线的方向相同，且呈收敛状，看起来就像是一个向下倾斜的楔子形态。

在实际投资中，投资者利用下降楔形操作分析时需要注意以下几点。

①下降楔形是股价上升途中的一次回调整理，并不会改变上涨趋势，所以场内的投资者不着急清仓离场，场外的中长线投资者在下降楔形出现时也不宜立即入场。

②下降楔形的上下边线形成了阻力线和支撑线，股价上行至阻力线附

近滞涨回落，下行至支撑线附近止跌回升。如果上下边线之间的距离较大，短线投资者可以利用上下边线做波段操作，在下边线附近买进，在上边线附近卖出。

③形成下降楔形的过程中，股价波动的区间会越来越窄，成交量也会持续萎缩。当其无法继续收窄时，就是股价重新选择突破方向的时候。

④通常情况下，下降楔形形态完成后，股价多会选择向上突破，同时会有成交量放大配合，此时就是买入股票的机会。

⑤股价向上突破下降楔形的上边线，意味着已经走出了震荡区域，未来股价上涨的概率较大，上边线也会由之前的阻力作用转为支撑作用。因此，当股价突破后回调至上边线位置时，会因上边线的支撑重新上升，此时是投资者的加仓时机。

万东医疗（600055）下降楔形整理分析

图 3-29 为万东医疗 2021 年 6 月至 12 月的 K 线图。

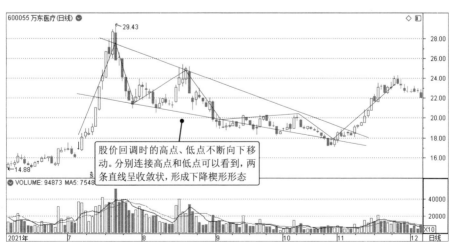

图 3-29　万东医疗 2021 年 6 月至 12 月的 K 线图

从图 3-29 中可以看到，万东医疗的股价处于上升行情之中，股价从相对低位一路上行，涨势稳定。

2021 年 7 月中下旬，股价运行至 28.00 元价位线上方，创出 29.43 元的新高后滞涨，随后开始震荡回调。仔细观察股价震荡回调时的走势发现，高点和低点都不断向下移动，使得震荡区间受到挤压而收敛。分别连接高点和低点，就形成了下降楔形形态。

这说明万东医疗的上涨趋势并未发生改变，此时只是股价上行途中的回调整理，后市继续看涨。2021 年 11 月，下方成交量开始温和放量，带动股价向上攀升，并突破下降楔形的上边压力线，继续上行，说明回调整理结束，股价继续上涨，投资者可以买进。

图 3-30 为万东医疗 2021 年 6 月至 2022 年 3 月的 K 线图。

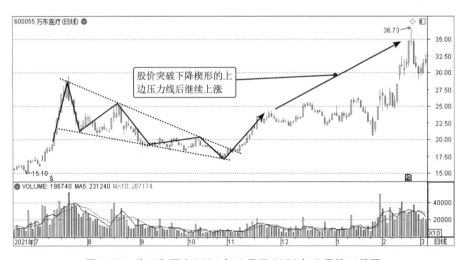

图3-30 为万东医疗 2021 年 6 月至 2022 年 3 月的 K 线图

从图 3-30 中可以看到，股价放量上行突破下降楔形的上边压力线后继续表现之前的上涨行情，截至 2022 年 2 月，最高上涨至 36.73 元，涨幅较大。

第4章

K线走势中的特殊买点

　　股价长时间处于波动变化之中，其运动规律难以预测，但也并非毫无迹象可循，当其运行至一些特殊位置时，投资者可以借助K线走势来帮助判断，从而找到比较合适的买入点。

4.1 K线重要位置突破买入形态

当股价处于波动上行的趋势中，运行至某一重要价位线时，如果能够放量突破这一重要位置，说明场内多头拉升意愿强烈，后市股价继续上涨甚至大幅攀升的可能性较大，而突破的位置可视作买点。

4.1.1 突破前期高点买入

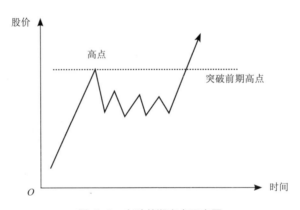

图 4-1 突破前期高点示意图

突破前期高点买入是指股价在上升趋势中运行至某一高点后滞涨，然后震荡下跌或横盘整理，此时前期高点成为重要阻力位。某一时刻，股价以实体较长的阳线带量突破前期高点，则说明整理结束，股价将再起一波上升走势，形成买点。

对于投资者来说，使用该方法有两个比较好的买点：一是当股价放量突破时跟进，比较适合激进的投资者；二是股价突破前期高点后，在其附近企稳并再度向上拉升时买进，比较适合稳健的投资者。

人福医药（600079）股价放量上涨突破前期高点

图 4-2 为人福医药 2019 年 8 月至 2020 年 4 月的 K 线图。

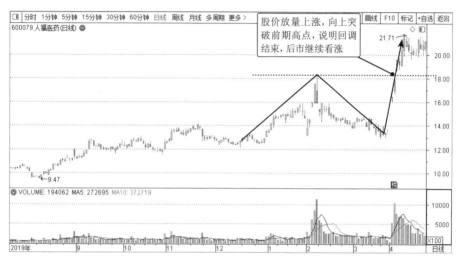

图 4-2　人福医药 2019 年 8 月至 2020 年 4 月的 K 线图

从图 4-2 中可以看到，人福医药的股价处于震荡上行的强势行情之中，股价不断向上波动。2020 年 2 月初，股价上行至 18.00 元价位线附近后遇阻回落，下方成交量表现缩量，说明 18.00 元价位线上方存在较大压力。

2020 年 4 月上旬，K 线连续收出两个涨停使得股价快速上冲。当股价运行至前期高点 18.00 元价位线附近时，向上跳空高开，收出一根涨停中阳线，上冲至 19.00 元价位线附近，有效突破前期高点 18.00 元。这说明人福医药的整理行情结束，场内多头动能聚集，动力较大，后市将继续表现强势拉升行情，投资者可以跟进。

图 4-3 为人福医药 2020 年 1 月至 8 月的 K 线图。

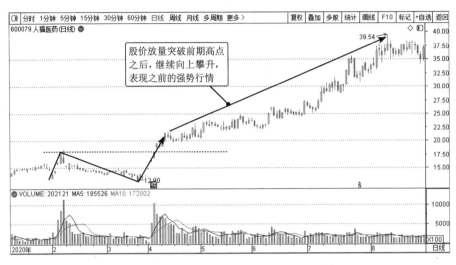

图 4-3　人福医药 2020 年 1 月至 8 月的 K 线图

从图 4-3 中可以看到，股价放量突破前期高点之后，继续向上强势拉升。股价波动上行，截至 2020 年 8 月，最高上涨至 39.54 元，涨势强烈。

4.1.2　突破成交密集区买入

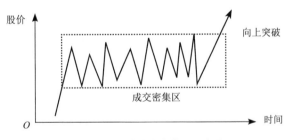

图 4-4　突破成交密集区示意图

股价突破成交密集区的位置是一个买入点，但在此之前投资者需要明

白什么是成交密集区。

市场在涨跌变化的过程中，总会出现一些成交比较集中的时段，这就是人们常说的成交密集区，或者是密集成交平台，通常这种成交密集区会成为下一轮走势的压力区或者是支撑区。从图形上来看，K 线会在成交密集区内停留一段时间，少则几根，多则几十根。

如果股价能够向上突破成交密集区，则趋势将会延续，表现之前的上涨行情，否则就会出现回调下跌。

西藏珠峰（600338）股价向上突破成交密集区

图 4-5 为西藏珠峰 2021 年 3 月至 7 月的 K 线图。

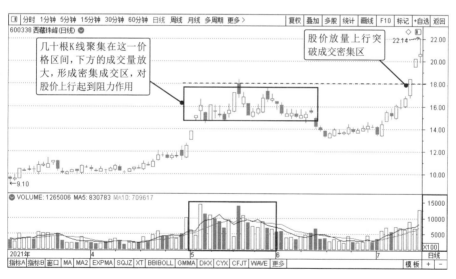

图 4-5　西藏珠峰 2021 年 3 月至 7 月的 K 线图

从图 4-5 中可以看到，西藏珠峰的股价处于不断上行的行情之中。2021 年 5 月上旬，股价上行至 16.00 元价位线附近后，下方的成交量明显放大，但股价并未随着成交量的放大而上行，而是在 15.00 元至 18.00 元内横盘波动，几十根K线聚集在这一价位区间，形成密集成交区，对股价上涨产生阻力。

密集成交区的出现说明市场中的分歧意见较大，获利盘纷纷抛售离场，套牢盘却买进入场，希望股价继续上行，使得股价在此区间内反复波动。但是随着时间的推移和换手率的增加，获利盘和套牢盘被不断化解，终将打破这一局面。

2021年6月中下旬，股价小幅跌破成交密集区，运行至14.00元价位线下方止跌横盘，下方成交量缩量，说明买盘积极性降低，但卖盘也所剩无几，二者达成暂时的平衡。

7月初，下方成交量再次放量，带动股价向上大幅拉升并一举向上彻底突破成交密集区，说明市场内的拉升意愿空前一致，多头力量强劲，后市将继续上涨，投资者可追涨。

图4-6为西藏珠峰2021年3月至9月的K线图。

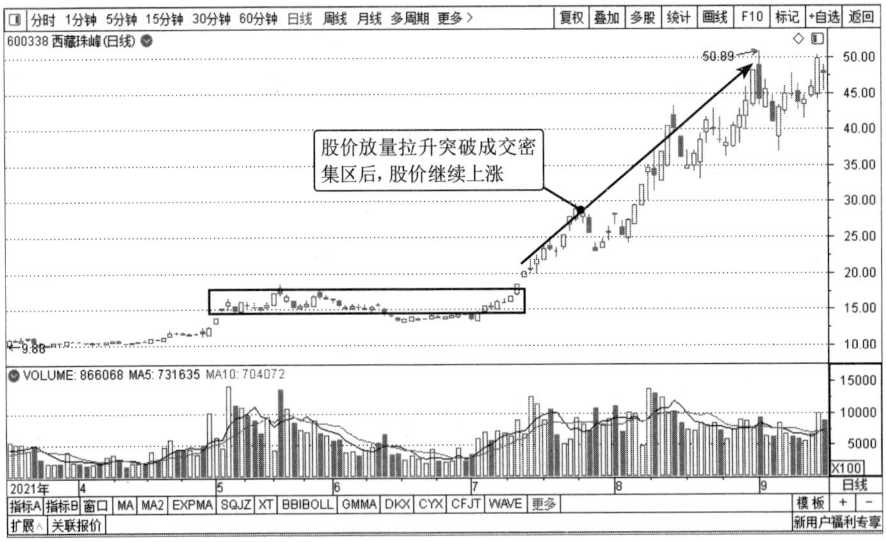

图4-6　西藏珠峰2021年3月至9月的K线图

从图4-6中可以看到，股价放量拉升突破成交密集区后，西藏珠峰的股价继续向上运行，截至2021年9月，最高上涨至50.89元，涨幅巨大。

4.1.3　箱体突破买进

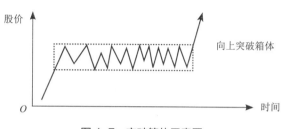

图 4-7　突破箱体示意图

　　股票箱体是指股价在一段时间内，既不会向上超过目前最高点，也不会跌破目前最低点，分别将高点与低点相连，形成的一个方形的箱体。

　　股票箱体实际上是股价的盘整阶段，箱体上方是压力线，下方是支撑线，股价则在箱体内波动横行。如果股价向上突破箱体，此时箱体上方的压力线变为支撑线，股价将继续上涨，投资者可以买入跟进。

喜临门（603008）股价向上突破箱体走势

　　图 4-8 为喜临门 2020 年 8 月至 2021 年 2 月的 K 线图。

　　从图 4-8 中可以看到，喜临门的股价处于强势的上涨行情中。2020 年 11 月中旬，股价上行至 20.00 元价位线附近后止涨，小幅回落至 17.00 元价位线附近，随后股价在 16.00 元至 20.00 元反复波动，形成一个横向运行的箱体，说明市场进入了盘整阶段。

　　2021 年 2 月上旬，K 线连续收出阳线，并向上突破箱体上边线，运行至上方，意味着多方战胜了空方，后期股价上涨的概率较大。此时，投资者可以买入跟进，持股待涨。

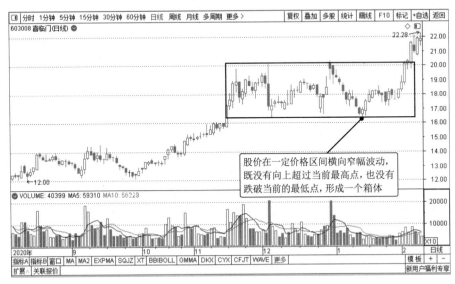

股价在一定价格区间横向窄幅波动，既没有向上超过当前最高点，也没有跌破当前的最低点，形成一个箱体

图4-8 喜临门2020年8月至2021年2月的K线图

图4-9为喜临门2020年10月至2021年7月的K线图。

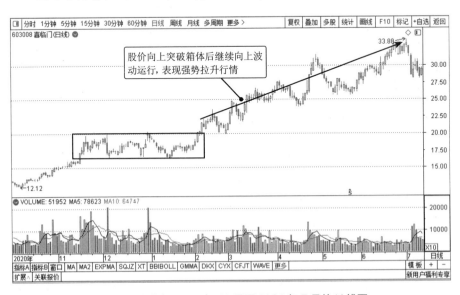

股价向上突破箱体后继续向上波动运行，表现强势拉升行情

图4-9 喜临门2020年10月至2021年7月的K线图

从图 4-9 中可以看到，股价向上突破箱体之后，继续向上波动运行，重心不断抬高，截至 2021 年 7 月，最高上涨至 33.88 元，涨幅较大。

4.1.4　均线突破买进

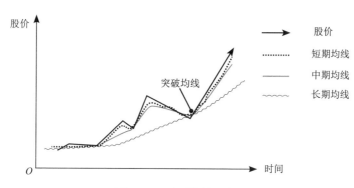

图 4-10　突破均线示意图

股价在上升行情中上涨至某一价位时止涨回调，在回调的过程中，原本上行的短期均线拐头下行，中期均线走平，均线系统由之前的发散状态逐渐转为黏合状态。某一时刻股价自下而上突破均线，站在均线上方并向上运行，说明场内的多头重新占据优势，后市看涨，投资者可以在股价自下而上突破均线时买进。

德新交运（603032）股价向上突破均线分析

图 4-11 为德新交运（2022 年 11 月 15 日已更名为"德新科技"，下同）2021 年 6 月至 11 月的 K 线图。

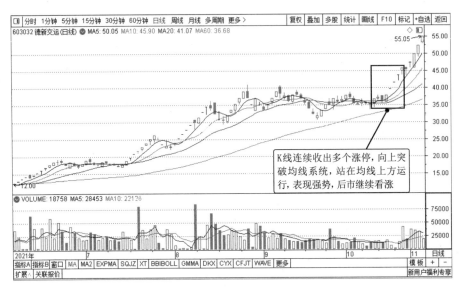

图4-11 德新交运2021年6月至11月的K线图

从图4-11中可以看到，德新交运股价处于强势行情之中，且涨势稳定，均线系统长时间呈多头排列形态向上发散。2021年8月底，股价上行至40.00元价位线附近后止涨，然后围绕35.00元价位线上下波动横向运行。原本发散向上的均线也逐渐在35.00元价位线上聚集黏合，说明场内的多空双方达成平衡，未来走势不明。

2021年10月下旬，K线连续收出多个涨停，股价自下而上突破黏合的均线，站在均线上方运行，均线系统也由黏合状态转为向上发散状态。这说明多空平衡的状态随着多头的胜出而被打破，场内多头聚集，后市继续向上攀升，形成强势拉升的可能性较大。

图4-12为德新交运2021年8月至12月的K线图。

从图4-12中可以看到，股价向上突破黏合状态的均线系统之后，继续上行至均线上方，多方占据绝对优势，向上发起猛烈攻击，表现出强势拉升的行情。截至2021年12月，股价最高上涨至93.08元，相较于均线系统黏合期间的35.00元，涨幅超165%。可见，这一波拉升涨势非常强劲，涨幅巨大，如果投资者前期在股价向上突破均线时跟进，就有机会赚取这一波涨幅收益。

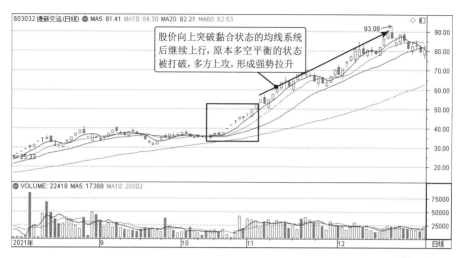

图 4-12 德新交运 2021 年 8 月至 12 月的 K 线图

4.2 借助 K 线运行趋势找买点

股价运行的方向就是趋势，根据方向的不同，可以将其分为上升趋势、下降趋势和水平趋势。趋势是重要的市场分析对象，投资者可以绘制趋势线来确认趋势的运行方向，再通过股价在趋势中的位置找到合适的买入点。

4.2.1 突破下降趋势线

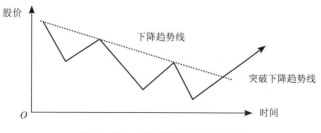

图 4-13 突破下降趋势线示意图

股价在不断下行的弱势行情中会反弹形成逐步下移的高点，把其中相邻的两个高点连接起来，就可以得到一条下降趋势线。这条趋势线反映了股价的下跌趋势，且对股价的上涨具有压力作用。

当股价放量突破下降趋势线，则表明市场的下跌趋势暂时结束，即将开始上涨。在股价突破下降趋势线的时候，成交量的放大就是对看涨信号的确认。

中国船舶（600150）股价向上突破下降趋势线

图4-14为中国船舶2021年12月至2022年6月的K线图。

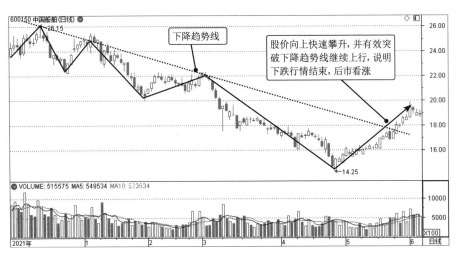

图4-14　中国船舶2021年12月至2022年6月的K线图

从图4-14中可以看到，中国船舶的股价处于不断下行的弱势行情之中，连接下降时形成的高点可绘制一条下降趋势线，股价在下降趋势线下方波动运行，下降趋势线对其起到压制作用。

2022年5月中下旬，下方成交量放大带动股价向上快速攀升，并有效突破下降趋势线继续上行。说明中国船舶的这一轮下跌结束，新的一轮上涨启动，投资者可以在此位置买入跟进。

图 4-15 为中国船舶 2021 年 12 月至 2022 年 8 月的 K 线图。

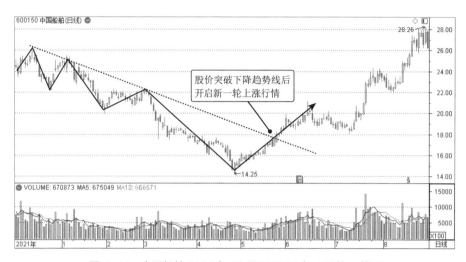

图 4-15　中国船舶 2021 年 12 月至 2022 年 8 月的 K 线图

从图 4-15 中可以看到，股价突破下降趋势线后开启新一轮上涨行情，整体向上波动运行，涨势稳定，截至 2022 年 8 月，最高上涨至 28.26 元，涨幅较大。

4.2.2　下跌至下轨线附近受到支撑

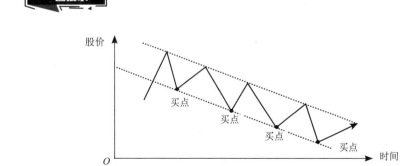

图 4-16　下跌至下轨线附近受到支撑示意图

连接股价下降过程中形成的高点可以绘制一条下降趋势线，以高点对应的低点为基准，绘制一条下降趋势线的平行线，即可得到一组下降通道线，股价在下降通道内波动下行。

下降通道中的上轨线为下降趋势线，对股价起到压制作用，而下轨线对股价起到支撑作用。当股价下降至下轨线附近时止跌回升，就形成了波段投资者的买入机会。

北方稀土（600111）股价跌至下轨线止跌

图4-17为北方稀土2021年8月至2022年5月的K线图。

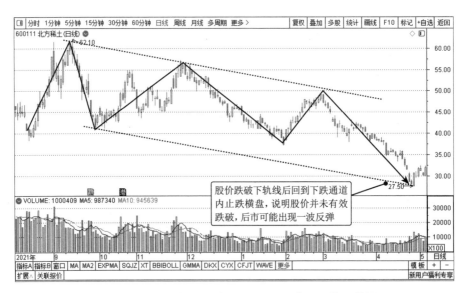

图4-17 北方稀土2021年8月至2022年5月的K线图

从图4-17中可以看到，北方稀土的股价经过一轮上涨后，运行至60.00元价位线上方，在创出62.10元的高价后止涨回落，转入下跌趋势之中。连接下跌时的高点绘制下降趋势线，以最近的低点为基准绘制平行线，形成下降通道。

可以发现，股价在下跌通道内波动下行，每当股价上行至上轨线附近时受到压制止涨回落，跌至下轨线附近时获得支撑止跌回升，如此反复。

2022 年 4 月底，股价跌破下轨线后快速回到下跌通道内，并在 30.00 元价位线上止跌横盘，说明股价并未有效跌破下轨线，下跌通道仍然有效，股价可能出现一波反弹，短线投资者可以在此位置跟进。

4.2.3　在上升趋势线处止跌回稳

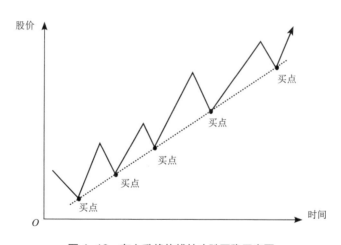

图 4-18　在上升趋势线处止跌回稳示意图

当股价处于上升行情之中，连接两个最低点可以绘制一条上升趋势线，但趋势线的有效性必须经过第三个在线上或附近形成的低点才可以确认。

上升趋势线对股价的上涨起到支撑作用，当股价回调至上升趋势线附近时大概率能够止跌回升。所以，股价在上升趋势线处止跌回稳的位置便是投资者的加仓买进位置。

酒钢宏兴（600307）股价在上升趋势线处止跌回稳

图4-19为酒钢宏兴2021年2月至8月的K线图。

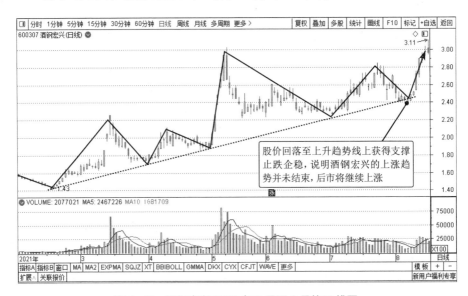

图4-19　酒钢宏兴2021年2月至8月的K线图

从图4-19中可以看到，酒钢宏兴的股价经过一轮下跌后运行至1.40元价位线附近。2021年3月初，下方成交量放大，带动股价上涨，酒钢宏兴就此转入新一轮上涨之中。

在此阶段，股价形成多次回调的低点，连接初始的两个低点可以绘制上升趋势线。2021年5月初，股价止涨回落至上升趋势线上止跌企稳，随后再次向上拉升，说明该上升趋势线是一条有效的趋势线。

2021年8月初，股价再次回落至上升趋势线上获得支撑止跌企稳，说明上涨趋势并未结束，后市将继续表现上涨，此时为投资者的加仓机会。

图 4-20 为酒钢宏兴 2021 年 2 月至 9 月的 K 线图。

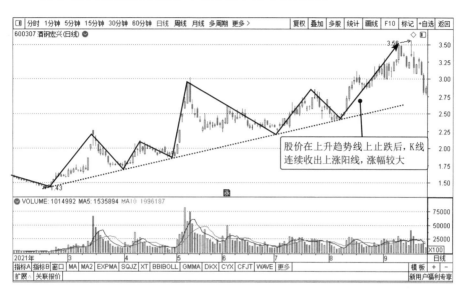

图 4-20　酒钢宏兴 2021 年 2 月至 9 月的 K 线图

从图 4-20 中可以看到，2021 年 8 月初，股价在上升趋势线上止跌后，K 线连续收出阳线，使得股价拉升至 3.50 元价位线附近，短时间内涨幅较大。

4.2.4　突破上升通道压力线

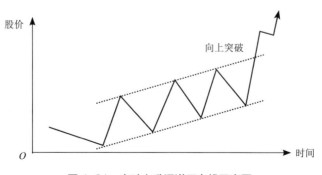

图 4-21　突破上升通道压力线示意图

在上涨趋势中绘制一条上升趋势线，然后以低点对应的高点为基准绘制一条上升趋势线的平行线，即可得到一组上升通道线。

上升通道线的上轨线对股价起到压制作用，当股价上涨至上轨线附近时将遇阻回落；上升通道线的下轨线对股价起到支撑作用，当股价下行至下轨线附近将止跌回升。

当股价放量上行，有效突破上轨线的压制，运行至上升通道线上方，说明原本相对缓慢的上升进程被打破，股价将进入加速拉升的行情，突破的位置是投资者的加仓机会。

万华化学（600309）股价向上突破上轨线涨势加速

图4-22为万华化学2020年6月至2021年1月的K线图。

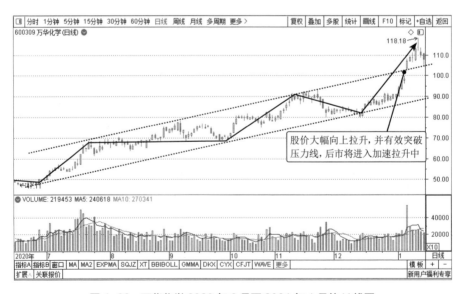

图4-22　万华化学2020年6月至2021年1月的K线图

从图 4-22 中可以看到，万华化学处于不断向上拉升的强势行情之中，股价重心不断上移。在 2020 年 6 月底和 9 月底，该股形成了两个明显的低点，连接这两个低点，可绘制一条上升趋势线，然后以对应的高点为基准，绘制出上升趋势线的平行线，得到上升通道。

从后续的走势中可以看到，股价在上升通道内波动运行，上升至压力线附近遇阻回落，下跌至支撑线附近止跌，整体形成了稳定的上涨趋势，投资者可以在此期间建仓。

2021 年 1 月，下方成交量放出一根巨量，使得股价大幅向上拉升，并有效突破压力线，说明原本缓慢的上升趋势被改变，后市股价可能进入加速拉升的走势中。

图 4-23 为万华化学 2020 年 6 月至 2021 年 2 月的 K 线图。

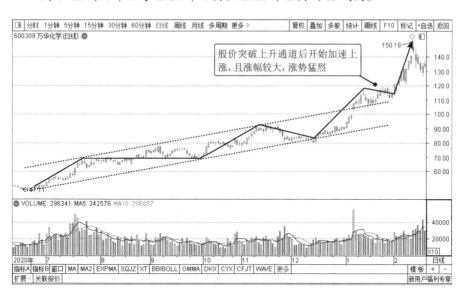

图 4-23　万华化学 2020 年 6 月至 2021 年 2 月的 K 线图

从图 4-23 中可以看到，股价突破上升通道的压力线后开始向上加速上涨，仅仅经过了一个月左右的时间就上涨至 150.18 元，短时间内的涨幅较大，涨势猛烈。

4.2.5 回落至水平趋势支撑线买进

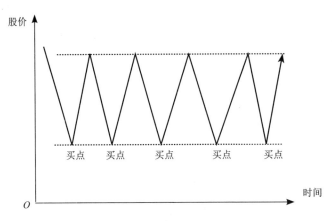

图 4-24 回落至水平趋势支撑线示意图

股价除了有上升趋势和下降趋势之外，还有一种水平趋势，即股价在波动变化过程中，每次反弹的高点都相近，每次回落的低点也大致相同，分别连接高点和低点，形成两根横向平行的延伸线。

水平趋势中，高点连线为压力线，股价上涨至压力线附近止涨回落；低点连线则为支撑线，股价下行至支撑线附近止跌回升。

所以，在水平趋势中，投资者可以利用压力线和支撑线做波段投资操作，在股价回落至支撑线时买进，在靠近压力线时卖出。

伊力特（600197）股价下行至支撑线止跌

图 4-25 为伊力特 2021 年 8 月至 2022 年 5 月的 K 线图。

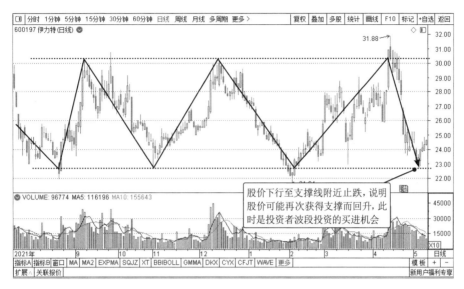

图 4-25 伊力特 2021 年 8 月至 2022 年 5 月的 K 线图

从图 4-25 中可以看到，伊力特的股价经过一轮下跌后运行至 23.00 元价位线附近止跌回升，上涨至 30.00 元价位线附近又止涨回落。在后续的发展中，股价反复在 23.00 元到 30.00 元内上下震荡，低点与高点分别位于这两条价位线附近。

由此说明，股价形成了水平趋势，23.00 元和 30.00 元分别为水平趋势中的支撑线和压力线。

5 月初，股价下行至支撑线附近止跌，说明股价有可能再次获得支撑而回升，出现一波反弹行情，此时是投资者波段投资的买进机会。

图 4-26 为伊力特 2021 年 7 月至 2022 年 6 月的 K 线图。

从图 4-26 中可以看到，2022 年 5 月初，股价下行至支撑线附近后止跌反弹，上行至压力线附近后止涨横盘，截至 2022 年 6 月，最高创出 31.89 元的价格，涨势迅速。

如果投资者前期在股价下行至支撑线附近时买入跟进，一个月左右的时间便可获得近 38% 的涨幅收益。

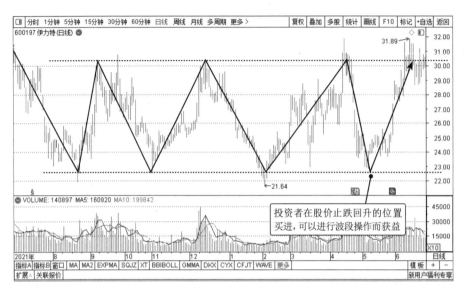

图4-26　伊力特2021年7月至2022年6月的K线图

4.2.6　股价向上突破水平压力线

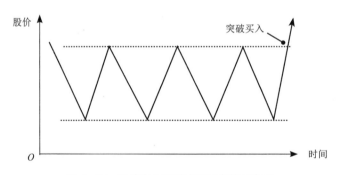

图4-27　股价向上突破水平压力线示意图

　　水平趋势意味着股价在某一价格区间上下波动，呈横向整理的态势，

多空突破方向不明。但是这种趋势总会被打破，一旦股价放量上行，突破水平压力线，说明场内多头以绝对优势胜出，后市即将转入上升行情之中，为投资者的买入信号。而股价突破压力线后，原来的压力线将转为支撑线。

安琪酵母（600298）股价向上突破压力线

图 4-28 为安琪酵母 2019 年 2 月至 2020 年 4 月的 K 线图。

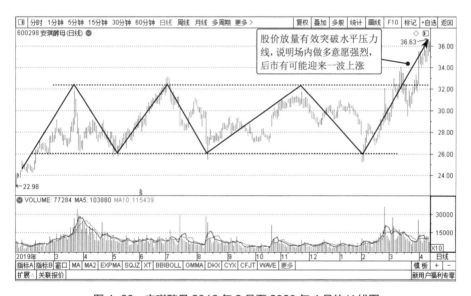

图 4-28　安琪酵母 2019 年 2 月至 2020 年 4 月的 K 线图

从图 4-28 中可以看到，安琪酵母的股价经过一波上涨后，在 32.00 元价位线附近止涨回落，随后下行至 26.00 元价位线附近止跌回升。

接着，股价便在 26.00 元至 32.00 元水平波动运行，形成水平趋势，26.00 元和 32.00 元分别为水平通道的支撑线和压力线。

2020 年 2 月底，下方成交量明显放大，推动股价大幅上涨，3 月中旬突破水平压力线。当股价上行至 34.00 元价位线附近后止涨回落，跌至 30.00 元价位线附近后迅速回升，数个交易日后就回到了水平通道上方，继续上涨。

这说明水平压力线被有效突破，场内多头力量聚集，拉升的意愿强烈，后市继续上涨的可能性较大，投资者可以在此位置跟进。

图 4-29 为安琪酵母 2019 年 5 月至 2020 年 8 月的 K 线图。

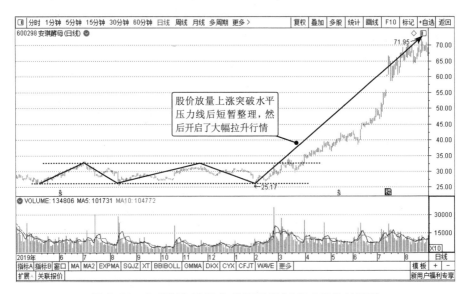

图 4-29 安琪酵母 2019 年 5 月至 2020 年 8 月的 K 线图

从图 4-29 中可以看到，股价放量上涨突破水平压力线后短暂整理，然后开启拉升行情，股价涨速极快，涨势猛烈，截至 2021 年 8 月，最高上涨至 71.95 元，涨幅巨大。

第5章

K线与成交量结合下的市场分析

成交量是市场供需关系的具体表现，也是股市投资中不可或缺的一个重要投资分析工具，将其与K线结合分析，可以帮助投资者做出相对精准的投资决策。

5.1 量价关系下的买入分析

量价关系实际上就是指成交量与股价的同步或背离关系，在不同的市场位置中，不同的量价关系表示的信息也可能不同。投资者如果能捕捉到市场中的量价关系变化，可以更精准地把握行情走势，进而找到合适的投资买入机会。

5.1.1 量平价升，继续持有

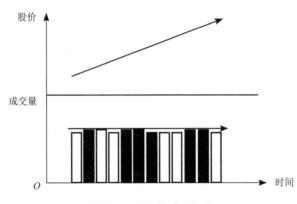

图 5-1　量平价升示意图

量平价升指的是股价在上涨的过程中，下方成交量没有伴随放大，而是基本保持在同一水平的一种现象。量平价升的出现，说明主力手中筹码充足，拉升过程无须太大量能，只要成交量不出现异动（例如突然放出天量），就可以持续看涨，场内的投资者也可以继续持有，等待上涨。

但需要注意的是，量平价升不是买入信号，而是投资者在已持有股票的情况下，继续观望的信号。

旭光电子（600353）股价上行成交量保持水平

图 5-2 为旭光电子 2021 年 12 月至 2022 年 6 月的 K 线图。

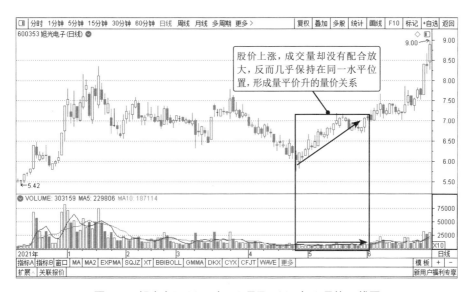

图 5-2　旭光电子 2021 年 12 月至 2022 年 6 月的 K 线图

从图 5-2 中可以看到，旭光电子的股价处于上升行情之中，于 2022 年 1 月中旬运行至 8.00 元价位线附近后止涨，短暂横盘一段后回调。4 月下旬，股价下行至 6.00 元价位线附近后止跌回升，K 线连续收出上涨阳线，股价向上拉升。与此同时，下方的成交量却没有配合放大，整体几乎保持在同一水平位置，呈现出量平价升的量价关系。

量平价升出现在股价回调之后，说明旭光电子的上涨行情并未发生改变，场内主力掌握大量筹码，并有拉升意愿，后市继续看涨，投资者可以继续持股，等待上涨的到来。

图 5-3 为旭光电子 2022 年 4 月至 2022 年 8 月的 K 线图。

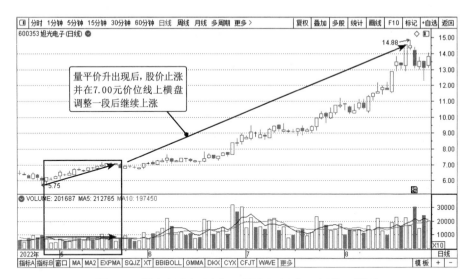

图 5-3　旭光电子 2022 年 4 月至 2022 年 8 月的 K 线图

　　从图 5-3 中可以看到，旭光电子在上涨途中形成量平价升后，股价止涨并在 7.00 元价位线上横盘调整一段时间，随后继续上涨，且涨势稳定，涨幅较大。

5.1.2　量增价升，买入信号

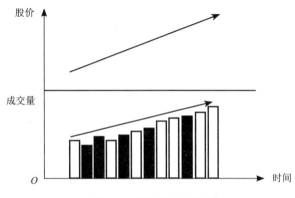

图 5-4　量增价升示意图

量增价升指的是当股价上涨，下方的成交量也同步放大的一种量价配合良好的现象。当量增价升出现在个股经过一段下跌后的低位，则有可能是主力在进行低位建仓操作，后市该股可能迎来一轮大幅上涨。

但需要注意的是，当量增价升出现在个股上涨的顶部，往往是股价见顶、主力出货的手段。

这是因为个股经过长期的上涨之后，主力已经获取较大的收益，为了抛售手中筹码，会先买入一部分股票，继续拉升股价，吸引市场上的散户买入，方便其快速散出手中的筹码，达到出货的目的。

兰花科创（600123）股价与成交量配合上行

图 5-5 为兰花科创 2019 年 12 月至 2021 年 6 月的 K 线图。

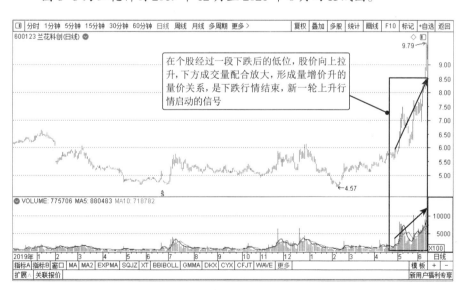

图 5-5　兰花科创 2019 年 12 月至 2021 年 6 月的 K 线图

从图 5-5 中可以看到，2020 年 4 月下旬，兰花科创前期经过一轮下跌后，股价运行至 5.00 元价位线下方止跌，横盘一段后小幅向上拉升，接着在 5.00 元至 6.00 元内横盘窄幅波动。

2021 年 1 月底，股价再次下行并跌破 5.00 元价位线，2 月创出 4.57 元的新低后止跌回升，开始上涨。5 月，下方成交量逐渐放大，带动股价急速向上拉升，并有效突破前期 6.00 元的阻力线，形成量增价升的量价关系。

量增价升出现在股价的低位区域，说明下跌行情可能已经结束，场内空头动能释放完全，多头开始聚集，后市可能迎来新的上涨行情，为投资者的买入信号。

图 5-6 为兰花科创 2021 年 4 月至 2022 年 6 月的 K 线图。

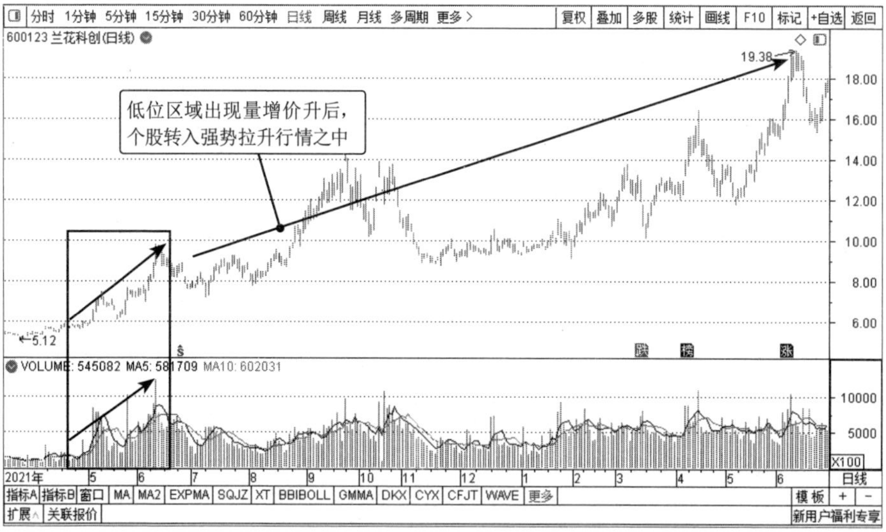

图 5-6 兰花科创 2021 年 4 月至 2022 年 6 月的 K 线图

从图 5-6 中可以看到，兰花科创在低位区域出现量增价升情形后转入强势拉升行情中。截至 2022 年 6 月，股价从 6.00 元价位线下方上涨至 19.38 元，涨幅巨大。如果投资者前期发现量增价升的买入信号时择机跟进，则有机会获得不错的投资回报。

5.1.3　量增价平，追涨信号

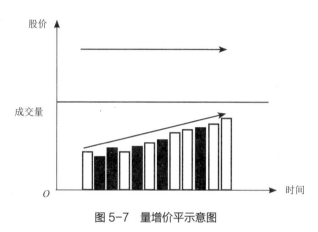

图 5-7　量增价平示意图

知识精讲

量增价平指的是成交量不断放大，但股价却几乎维持在同一价位上水平波动，没有明显上涨，是一种量价背离的现象。量增价平出现在不同的阶段有不同的市场意义。

①如果当量增价平出现在上涨初期，说明股价触底反弹，即将迎来一轮新行情，投资者可以密切关注，适当参与。

②如果量增价平出现在上涨的途中，说明场内多头继续拉升股价的意愿强烈，后市上涨的可能性较大，投资者可以介入。

③如果量增价平出现在上涨末期，由于前期涨幅比较大，在高位的量增意味着放量滞涨，很有可能是主力出货手段，投资者应适当减仓，将收益落袋为安。

④如果量增价平出现在下跌初期，多是主力托价出货的信号，投资者应出局观望。

⑤如果量增价平出现在下跌途中，说明只是一个下跌整理形态，后市继续看空，投资者应退场观望。

建设机械（600984）股价滞涨成交量放大

图5-8为建设机械2019年6月至2020年1月的K线图。

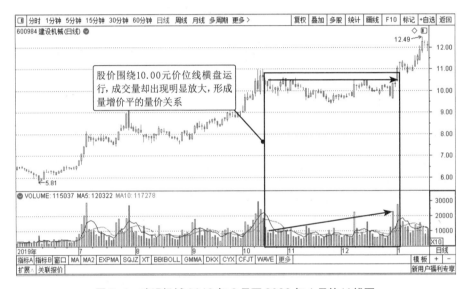

图5-8 建设机械2019年6月至2020年1月的K线图

从图5-8中可以看到，建设机械的股价处于强势行情之中，且涨势稳定。2019年10月中旬，股价上涨至11.00元价位线附近后滞涨，随后小幅回落至10.00元价位线附近，并围绕该价位线上下波动，横盘运行。

在股价滞涨横盘的过程中，下方的成交量却出现明显放大的迹象，二者形成量增价平的量价关系。量增价平出现在股价上行的途中，说明场内做多意愿强烈，后市继续向上拉升的可能性较大，投资者可以介入。

图5-9为建设机械2019年10月至2020年8月的K线图。

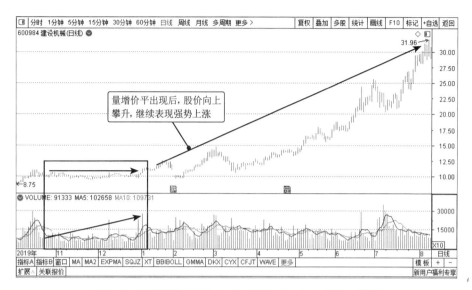

图 5-9 建设机械 2019 年 10 月至 2020 年 8 月的 K 线图

从图 5-9 中可以看到，量增价平出现后，股价在 10.00 元价位线上横盘整理了一段时间，随后在成交量大量能的支撑下向上攀升。股价不断波动上行，涨势稳定，涨速极快，截至 2020 年 8 月，股价最高上涨至 31.96 元。

5.1.4 量减价升，继续持有

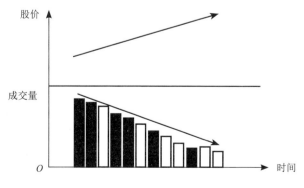

图 5-10 量减价升示意图

量减价升指的是股价不断上行时，成交量没有配合放大，反而不断缩小的一种量价背离现象。

量减价升通常出现在拉升阶段，出现这种量价关系表明当前主力手中掌握大部分筹码。从这种量价关系中投资者可以获得两种信息：一是主力暂时不会卖出，后市看好；二是即使主力想要出货，短时间内也不能派发完成，因为场外资金进不来，没有承接盘。所以，投资者在上升途中发现量减价升形态时，可以继续持股。

隆基绿能（601012）股价上行量能缩小

图 5-11 为隆基绿能 2018 年 11 月至 2020 年 6 月的 K 线图。

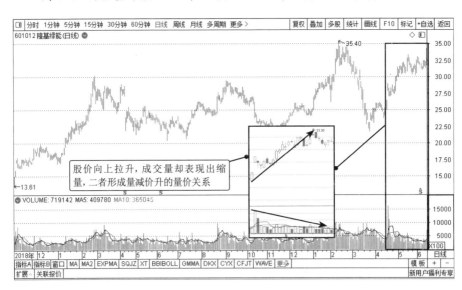

图 5-11　隆基绿能 2018 年 11 月至 2020 年 6 月的 K 线图

从图 5-11 中可以看到，隆基绿能的股价处于上升行情中，从相对低位处向上拉升，于 2019 年 2 月底上行至 30.00 元价位线附近后滞涨回落，随后股价长期在 20.00 元至 30.00 元进行波动横行。

2020 年 4 月下旬，股价从 25.00 元价位线附近向上攀升至 32.50 元价位线附近，与此同时，仔细观察可以发现，下方的成交量却表现出缩量，形成量减价升的量价关系。

量减价升出现在股价上涨途中的震荡阶段，说明主力拉升股价的意志坚定，后市继续上涨的可能性较大，场内投资者可以保持持有，等待上涨。

图 5-12 为隆基绿能 2020 年 4 月至 2021 年 1 月的 K 线图。

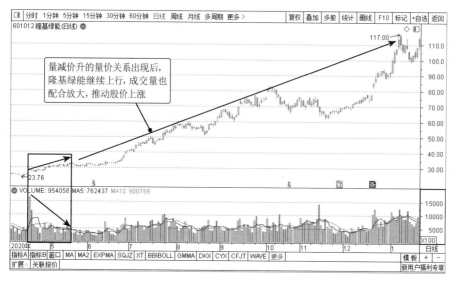

图 5-12　隆基绿能 2020 年 4 月至 2021 年 1 月的 K 线图

从图 5-12 中可以看到，量减价升出现后，股价继续上涨，下方的成交量也配合放大。隆基绿能进入长期、大幅拉升行情之中，且涨势稳定，涨幅巨大，截至 2021 年 1 月，最高上涨至 117.00 元。

如果投资者在发现量减价升的量价关系时误以为是见顶信号，则可能错过这一轮大幅上涨。因此，对于场内的投资者来说，即便在上涨过程中出现了量减价升的量价背离关系，只要没有明显的筹码松动迹象，就可以继续持有股票。

5.1.5 量减价平，观望为主

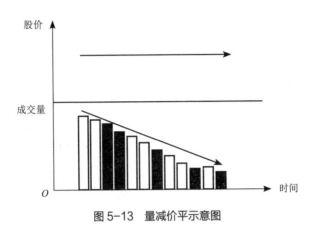

图 5-13 量减价平示意图

量减价平指的是股价维持在某一价位线上横向运行，与此同时下方的成交量不断减少的一种量价关系。量减价平说明市场中的交易意愿减少，行情进入整理阶段，属于中继信号。

通常来说，投资者可以将量减价平视为中继形态进行分析。当量减价平出现在上升途中，说明多方力量转弱，股价进行调整，场外的投资者以观望为主。当股价放量上行突破横盘，则说明整理结束，后市继续上涨的可能性较大。

应用实例

科达制造（600499）股价横行量能缩小

图 5-14 为科达制造 2020 年 9 月至 2021 年 5 月的 K 线图。

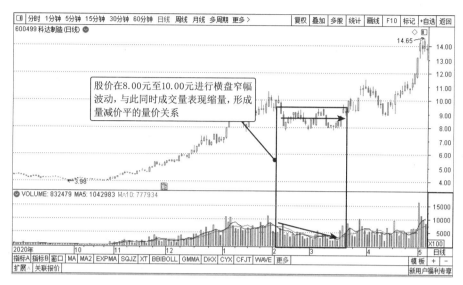

图 5-14　科达制造 2020 年 9 月至 2021 年 5 月的 K 线图

从图 5-14 中可以看到，科达制造的股价经过一轮下跌后运行至 4.00 元价位线的低位。2020 年 11 月，下方成交量放大，带动股价上涨，开启新一轮拉升走势。

2021 年 1 月底，股价上行至 10.00 元价位线附近后小幅回落，然后在 8.00 元至 10.00 元进行横盘窄幅波动。此时查看下方的成交量，发现成交量表现缩量，二者形成量减价平的量价关系。

量减价平出现在股价上涨途中，说明场内的多头力量减弱，股价滞涨调整。但股价并未出现明显的下跌走向，说明上涨的趋势暂时未发生改变，此时投资者应以观望为主。

2021 年 3 月中旬，下方成交量放大，推动股价向上攀升，并突破 10.00 元价位线。股价上行至 11.00 元后滞涨回落，跌回 10.00 元下方后止跌。随后，成交量再次明显放大，推动股价向上大幅拉升，说明此时 10.00 元价位线被有效突破，场内做多意愿强烈，后市继续上涨，投资者可以买入。

图 5-15 为科达制造 2020 年 12 月至 2021 年 8 月的 K 线图。

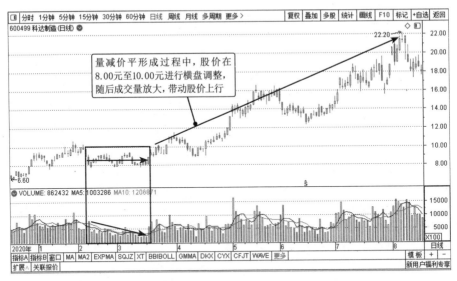

图5-15 科达制造2020年12月至2021年8月的K线图

从图5-15中可以看到,量减价平形成过程中,股价在8.00元至10.00元进行横盘调整,随后下方成交量放大,带动股价上行,表现出上涨趋势,后续涨势稳定,涨幅较大。

5.2 上涨初期的量价买点分析

对于大部分投资者而言,最困难的就是判断底部。找不到行情启动的信号,就会错失买入机会。其实,这时候投资者可以借助量价关系来进行判断,在量价关系变化中试着寻找行情启动的信号,抓住合适的投资机会,实现盈利目的。

在上涨初期,成交量往往会透露出一些不同寻常的迹象,让投资者找到主力入场建仓的蛛丝马迹。因此,投资者要学会分析并掌握上涨初期的量价买入信号。

5.2.1　逐步放量拉升

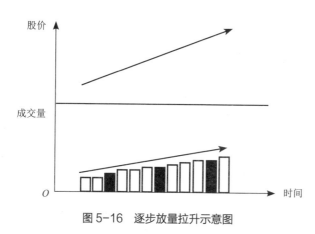

图 5-16　逐步放量拉升示意图

　　股价经过一轮大幅下跌后运行至低位区域，场内的空头动能得到释放，成交量表现出极度缩量。某一段时间内，场内的多头能量逐步积攒，成交量小幅增大，股价也开始向上小幅拉升。随着场外资金源源不断地流进，股价开始稳步向上攀升，成交量也开始温和放量。

　　逐步放量拉升的量价形态出现，说明市场中的量价配合良好，后市继续沿着原有上涨趋势运行的可能性较大，是投资者的买入机会。

西藏城投（600773）低位逐步放量拉升

　　图 5-17 为西藏城投 2020 年 8 月至 2021 年 2 月的 K 线图。

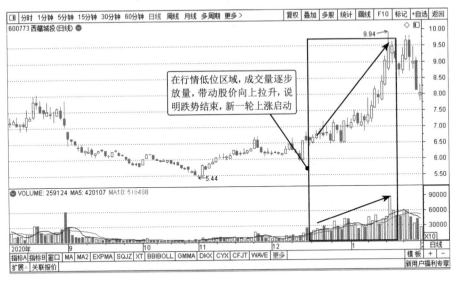

图5-17 西藏城投2020年8月至2021年2月的K线图

从图5-17中可以看到，西藏城投的股价经过一轮下跌后运行至5.50元价位线下方的低位区域，创出5.44元的低价后止跌。下方的成交量表现出极度缩量，说明场内的空头动能释放完全。

2020年11月，股价开始小幅向上攀升，下方成交量小幅度增大，说明多头开始聚集。12月，股价上涨至6.50元价位线附近，成交量放量速度较前期有所加快，股价涨速也在加快，二者形成了逐步放量拉升的形态。这说明场外有源源不断的资金涌进，后市继续上涨的可能性较大，投资者可以试着跟进。

图5-18为西藏城投2020年12月至2021年9月的K线图。

从图5-18中可以看到，成交量低位温和放量向上拉升股价后，西藏城投开启了新一轮拉升走势。股价在小幅震荡中向上攀升，下方成交量长期配合放大，涨势稳定。

截至2021年9月，股价最高上涨至37.70元，相较于逐步放量拉升形态初期的6.00元左右，涨幅超528%。如果投资者在前期利用逐步放量拉升形态判断出行情启动，进而买入，就有机会抓住这一轮大幅上涨，获得不错的投资回报。

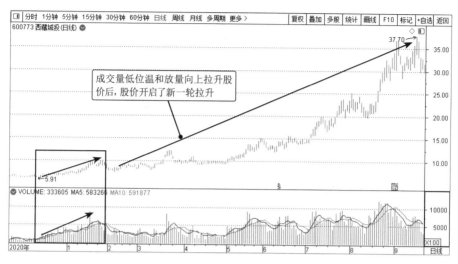

图 5-18　西藏城投 2020 年 12 月至 2021 年 9 月的 K 线图

5.2.2　地量见地价

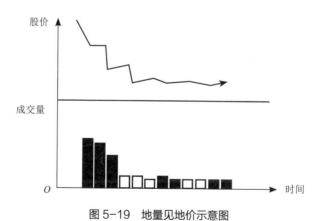

图 5-19　地量见地价示意图

知识精讲

　　个股经过一轮大幅下跌后，盘中交易积极性下降，成交量逐步缩减至地量，股价也进入低位横盘，不再大幅下跌，二者形成地量地价形态。这说明行情临近底部，市场的下跌动能衰竭，后市可能产生触底反弹的走势，此时投资者可以适当抄底介入。

但是投资者在利用地量地价找寻底部时，要注意以下几点。

①出现地量的个股前期大概率经历了漫长的下跌或者是横盘。

②在地量形成之前，K线可能会连续收出小阴线，并且小阴线的振幅较小，同时成交量呈现缩减。

③地量出现之后并不代表股价会立即反转回升，有时还可能出现再一次的下跌，这是主力压价吸筹导致的。当主力吸筹完毕，场外资金开始流入，成交量由萎缩转为逐渐放大，那么股价就可能上涨，新行情也就开启了，投资者可介入或加仓。

国际医学（000516）低位地量见地价

图5-20为国际医学2019年11月至2020年7月的K线图。

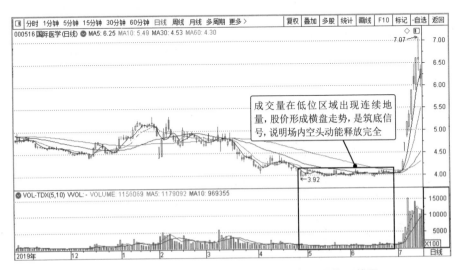

图5-20　国际医学2019年11月至2020年7月的K线图

从图 5-20 中可以看到，国际医学前期经过一轮大幅下跌后，场内空头动能不断释放，跌势猛烈。2019 年 12 月，股价下行至 4.50 元价位线附近后止跌，随后在 4.50 元至 5.00 元进行横盘窄幅波动。

2020 年 3 月中旬，股价进一步下跌，并有效跌破 4.50 元价位线，运行至 4.00 元价位线上后止跌横盘整理。此时查看下方的成交量，发现成交量表现出极度缩量的地量形态，说明经过这一轮长时间的下跌，场内的空头动能基本已经释放完全，股价筑底意味明显。

2020 年 7 月初，成交量突然开始放大，K 线收出连续阳线，拉动股价向上急速飙升，一改之前的颓势。说明场内有主力入场拉升股价，国际医学即将迎来新一轮上涨。

图 5-21 为国际医学 2020 年 5 月至 2021 年 6 月的 K 线图。

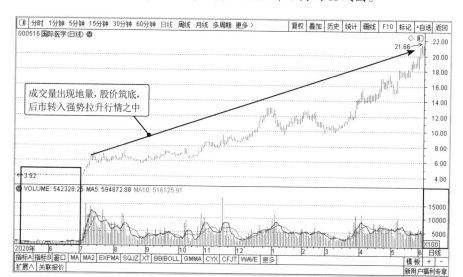

图 5-21 国际医学 2020 年 5 月至 2021 年 6 月的 K 线图

从图 5-21 中可以看到，成交量低位区域出现地量，股价筑底后，下跌行情结束，后续成功开启新一轮上涨。股价不断向上波动运行，涨势稳定，截至 2021 年 6 月，股价最高上涨至 21.66 元，涨幅巨大。

5.2.3　低位巨量上涨

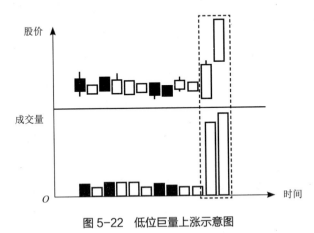

图 5-22　低位巨量上涨示意图

　　股价在经过一轮大幅下跌后来到低位区域，跌势减缓的同时，成交量表现缩量，某一时刻成交量突然放出巨量，向上拉升股价，与前面多个交易日相比，形成低位巨量上涨态势。

　　低位巨量上涨现象的出现，说明有主力资金在关注，或者主力已经充分吸筹，开始进行拉升，场内的多头逐渐主导市场，该股的这一波下跌行情或横盘整理行情即将结束，后市可能转入上涨或是反弹之中，是短期看涨的信号。

应用实例

国际医学（000516）低位巨量拉升股价

　　图 5-23 为国际医学 2020 年 1 月至 7 月的 K 线图。

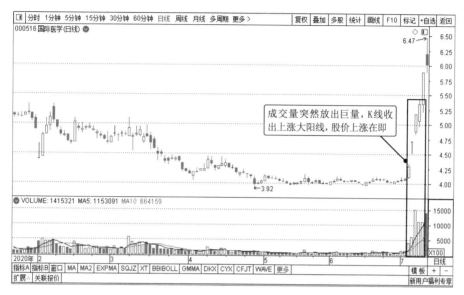

图 5-23　国际医学 2020 年 1 月至 7 月的 K 线图

从图 5-23 中可以看到，国际医学的股价处于不断下行的弱势行情之中。2020 年 4 月底，股价下行至 4.00 元价位线附近后止跌，随后围绕该价位线横盘整理运行，K 线基本以小阴线和小阳线为主。此时下方的成交量表现极度缩量，市场冷清至极。

7 月，成交量突然放出巨量，K 线收出多根大阳线，使得股价脱离低位区域，说明场内有主力资金入场拉升股价，国际医学的弱势行情结束，即将迎来一波大幅拉升。此时投资者可以买入跟进，持股待涨。

图 5-24 为国际医学 2020 年 6 月至 2021 年 6 月的 K 线图。

从图 5-24 中可以看到，国际医学形成低位巨量拉升形态后，股价开启了新一轮长期的、大幅的、稳定的强势拉升。截至 2021 年 6 月，股价最高上涨至 21.66 元，涨幅巨大。

如果投资者前期在成交量低位放出巨量拉升股价时买进，就有机会抓住这一轮上涨，并且收获颇丰。

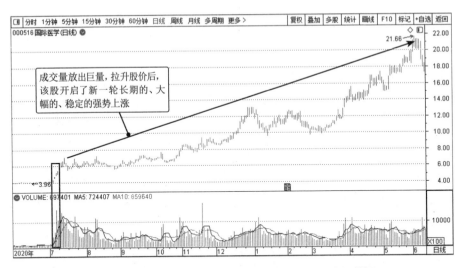

成交量放出巨量，拉升股价后，该股开启了新一轮长期的、大幅的、稳定的强势上涨

图 5-24　国际医学 2020 年 6 月至 2021 年 6 月的 K 线图

5.2.4　底部缩量涨停

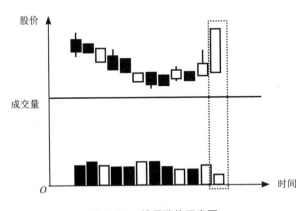

图 5-25　缩量涨停示意图

底部缩量涨停是指在行情低位区域，某个交易日成交量相较前期缩减，

但当日股价却出现涨停的现象。

底部缩量涨停形成的原因，是市场经过整理后达成了一致的看多意愿，开始抬升价格。而量能之所以会缩减，是因为股价在达到涨停后卖盘惜售，大量买盘堆积在涨停价上无法消化，导致交易量下降，成交量自然也就缩减了。正是由于抛压的降低，场内上涨阻力减小，有利于股价的拉升，所以个股后市通常会形成快速拉升的走势。

天音控股（000829）低位缩量涨停拉升

图 5-26 为天音控股 2020 年 12 月至 2021 年 8 月的 K 线图。

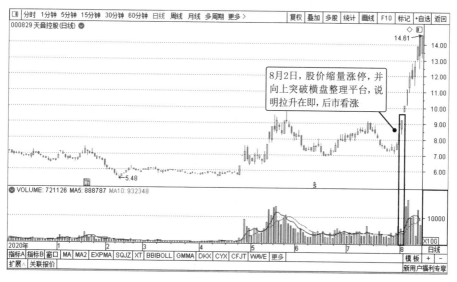

图 5-26　天音控股 2020 年 12 月至 2021 年 8 月的 K 线图

从图 5-26 中可以看到，天音控股经过一轮下跌后运行至 6.00 元价位线附近，于 2021 年 4 月底开始向上拉升，随后长时间在 7.00 元至 9.00 元进行横盘波动。

8 月 2 日，股价向上跳空高开，盘中直线拉升至涨停，封板直至收盘，最后 K 线收出一根涨停大阳线，并向上突破 9.00 元阻力线，但成交量却表现缩量，形成低位缩量涨停形态。说明通过前面的横盘整理，市场修整完毕，拉升股价意愿强烈，该股可能进入快速的拉升走势之中。

图 5-27 为天音控股 2021 年 4 月至 9 月的 K 线图。

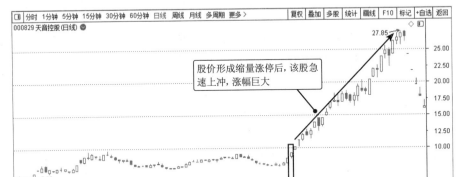

图 5-27　天音控股 2021 年 4 月至 9 月的 K 线图

从图 5-27 中可以看到，在形成缩量涨停后，天音控股开启了新一轮强势拉升。股价涨幅巨大，短短一个月的时间就上涨至 27.85 元。

5.3　上涨途中的量价买点分析

股价经过一段时间的上涨运行至相对高位区域并滞涨后，很多投资者都会担心行情突然转势下跌，使得前期收益变为泡影；或者担心自己提前离场会踏空后市行情。

对此，投资者可以根据成交量与股价的变化，判断股价滞涨后行情可能的变动方向。

5.3.1 放量加速拉升

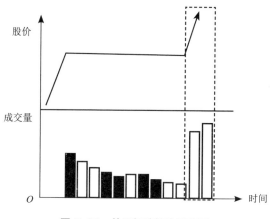

图 5-28　放量加速拉升示意图

知识精讲

　　股价经过一段时间的上涨，运行至某一价位线时，可能会出现一个停顿、小幅度震荡上涨或是横盘整理的过程。在此之后，成交量出现明显的放大，带动股价急速上冲，就形成了放量加速拉升形态。

　　当股价在上涨趋势中出现这种放量加速拉升的走势，说明场内的做多力量再次发力，股价整体涨速要明显快于前一阶段，上涨形态也更加陡峭和坚挺，是后市高度看好的表现。因此，当成交量放量加速拉升时，投资者可以趁机买进或加仓。

　　投资者利用放量加速拉升做投资决策时，要注意以下两点。

　　①出现放量加速拉升之前，股价要经过一段明显的上涨。

　　②在放量加速拉升之前，股价需要有一个停顿整理的过程，哪怕只有短暂的几天。在停顿整理的过程中，成交量要呈现缩减状态。

北方稀土（600111）成交量放量加速拉升股价

图5-29为北方稀土2020年11月至2021年7月的K线图。

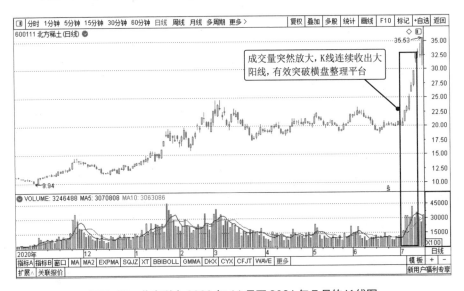

图5-29　北方稀土2020年11月至2021年7月的K线图

从图5-29中可以看到，北方稀土处于强势上涨行情中，股价从10.00元价位线下方的低位区域开始向上拉升。2021年3月初，股价上涨至25.00元价位线附近后滞涨，此时涨幅超150%。

随后股价小幅回落，跌至20.00元左右止跌，并围绕该价位线波动横行，下方成交量表现缩量。7月初，成交量突然放大，K线连续收出多根大阳线，涨势猛烈，并有效突破横盘整理平台。

这说明股价回调结束，多头再次向上方发起冲击，股价涨势相比之前可能更为激烈。

图5-30为北方稀土2021年2月至9月的K线图。

从图5-30中可以看到，成交量放量加速拉升股价突破盘整平台后，北方稀土结束整理行情，继续上涨，涨势猛烈，两个月后股价最高上涨至

62.10 元，相较于拉升初期的 20.00 元，涨幅超过 210%。

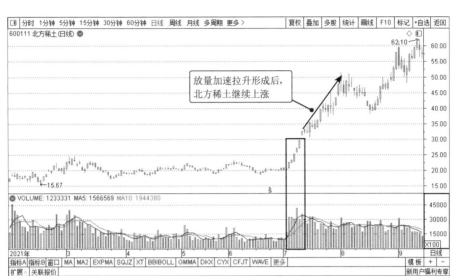

图 5-30　北方稀土 2021 年 2 月至 9 月的 K 线图

5.3.2　高位滞涨缩量

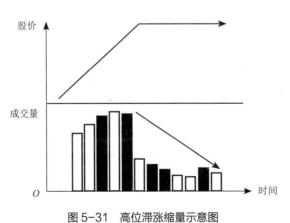

图 5-31　高位滞涨缩量示意图

高位滞涨缩量指的是股价经过一段时间的拉升，上行至相对高位区域并滞涨横盘，同时成交量相较前期不断缩减的形态。

高位滞涨缩量通常是主力在拉升途中的休整，目的在于利用滞涨的走势引起市场中获利盘的恐慌，使其抛售手中持股，借此清除场内意志不坚定的浮动筹码，减轻个股后期上涨的压力。此时，场内投资者可以不着急离场，耐心等待下一波上涨的到来。

华阳股份（600348）股价高位滞涨，下方成交量缩量

图 5-32 为华阳股份 2021 年 3 月至 2022 年 5 月的 K 线图。

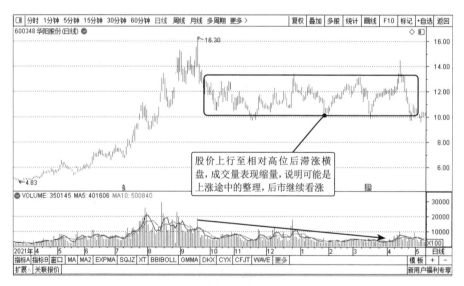

图 5-32　华阳股份 2021 年 3 月至 2022 年 5 月的 K 线图

从图 5-32 中可以看到，华阳股份股价处于强势上涨行情之中，2021 年 3 月，股价从 5.00 元价位线下方的低位区域开始缓慢向上攀升，下方成交量

逐渐放大，华阳股份开始进入上升趋势中。

9 月中旬，股价上涨至 16.00 元价位线上方，创出 16.30 元的新高后滞涨回落，随后在 10.00 元至 14.00 元进行横盘波动。此时股价相较于拉升初始的 5.00 元左右，涨幅已经超过 100% 了，但下方的成交量逐渐减少，表现缩量。

由于此时股价已经有了较大幅度的拉升，场内投资者已经有了不错的收益。但投资者还需注意分辨该阶段的滞涨横盘是否为见顶信号，一旦股价转势下行，很有可能使前期的收益变成泡影。

那这是不是见顶的信号呢？投资者仔细查看横盘时成交量的表现，可以发现量能不仅没有明显的放大迹象，还存在不断缩小的情况。

这种程度的量能无法满足主力的出货需求，所以这段时间可能是上涨途中的休整，后市还有上升空间。因此，场内的投资者可以保持观望，甚至在横盘结束后加仓。

图 5-33 为华阳股份 2021 年 8 月至 2022 年 9 月的 K 线图。

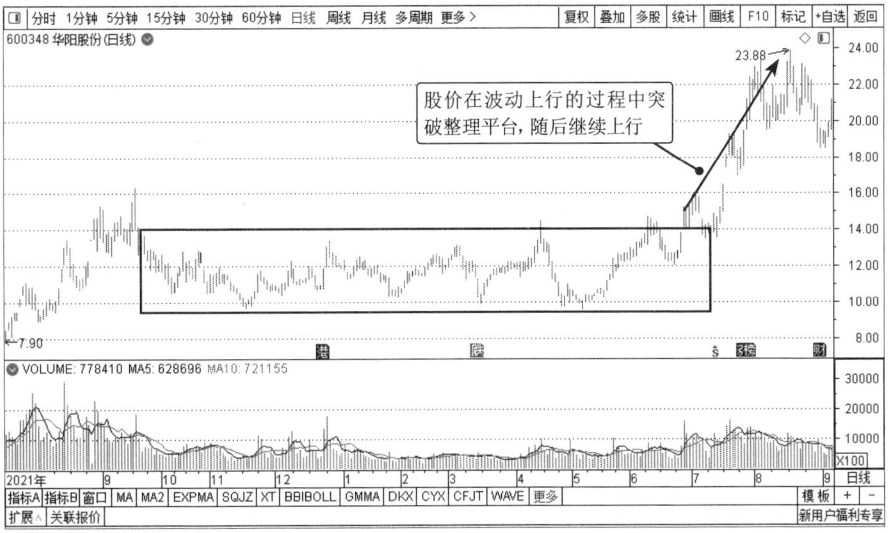

图 5-33　华阳股份 2021 年 8 月至 2022 年 9 月的 K 线图

从图 5-33 中可以看到，2022 年 6 月下旬，股价在成交量的支撑下向上突破整理平台，运行至 14.00 元价位线上方，随后继续上涨，涨势稳定。截至 2022 年 8 月，股价最高上涨至 23.88 元，涨幅较大。

5.3.3 上涨途中缩量回调

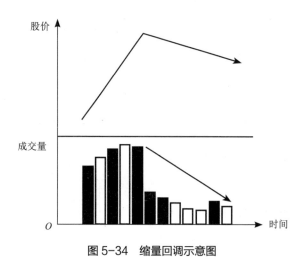

图 5-34 缩量回调示意图

上涨途中缩量回调指的是股价经过一波拉升，上行至某一价位线后止涨回调，与此同时成交量相比前几个交易日出现明显的减少，形成缩量态势。

缩量回调说明许多场内投资者不愿意在这个位置轻易卖出手中持股，同时很大一部分场外投资者也不愿意冒风险大量买进股票，所以成交量相对较小。

此时就可以将缩量回调视为上涨途中的调整，只要筹码没有出现松动，就可以继续看涨。

此外，投资者还要查看回调的低点，如果股价没有跌破重要均线，则短时间内上攻的可能性较大；如果股价虽然跌破但快速回到支撑位以上，多方还有机会反攻；如果股价彻底跌破重要均线，则说明空头开始发力，投资者应立即离场。

科达制造（600499）股价止涨回落，成交量缩量

图 5-35 为科达制造 2020 年 10 月至 2021 年 3 月的 K 线图。

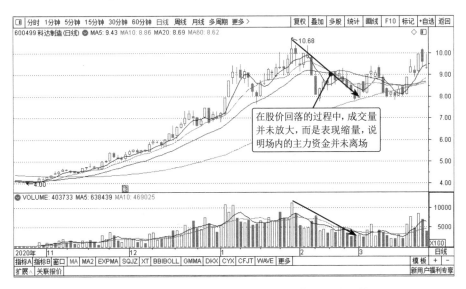

图 5-35 科达制造 2020 年 10 月至 2021 年 3 月的 K 线图

从图 5-35 中可以看到，科达制造处于强势拉升行情之中，2020 年 10 月，股价从 4.00 元价位线附近的低位区域开始向上拉升，下方成交量配合放大，支撑股价的上涨，均线系统呈现多头排列，股价站在均线上方运行。

2021 年 1 月底，股价上涨至 10.00 元价位线上方，创出 10.68 元的新高后止涨回落，此时涨幅已超 160%。2 月 4 日和 2 月 5 日，K 线连续收出两根跌停大阴线，将股价拉低至 8.00 元价位线附近，股价似乎有就此转势进入下跌的趋势。

但事实真的如此吗？仔细观察可以发现，在股价回落的过程中，成交量并未放大，而是逐渐减少，表现缩量，说明场内的主力资金并未离场，后市还是存在机会的。

而且股价下行至 8.00 元价位线附近后形成横盘震荡，当触及还在上扬的 60 日均线时，股价很快自下而上穿过均线系统，重新站在均线上方向上运行。这说明股价的上涨趋势并未发生改变，此时的回落只是上涨途中的回调，后市继续看涨。

图 5-36 为科达制造 2020 年 11 月至 2021 年 12 月的 K 线图。

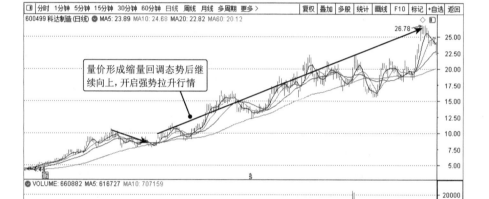

图 5-36　科达制造 2020 年 11 月至 2021 年 12 月的 K 线图

从图 5-36 中可以看到，2021 年 2 月股价形成缩量回调后继续向上，进入强势拉升行情，涨势稳定。

经过一轮大幅拉升后股价最高上涨至 26.78 元，涨幅较大。如果投资者因为前期股价止涨回落的走势而匆匆锁定收益离场，就会错过后面大段的涨幅。

5.3.4　后量超前量继续上涨

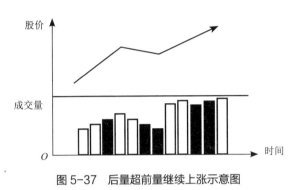

图 5-37　后量超前量继续上涨示意图

　　股价在上升趋势中呈现波浪形上涨，如果后面的上升浪成交量比前面的上升浪成交量大，就是后量超前量形态。若市场中的每一波上升浪都能持续性放量，那么股价就能持续性地上升。

　　另外，成交量放量推涨的同时，若股价正好能够突破前一浪的顶部，那么该股继续上涨的可能性和上升空间都会更大。

　　对于投资者来说，后量超前量形态中有两个比较好的操作位置：一是两浪之间的量能萎缩区；二是后浪放量拉升，向上突破前浪顶的位置。需要注意的是，一旦成交量不再持续性地放大并超过前量，那么这一波有可能是在构筑虚浪，股价上涨的确定性存疑，投资者要注意及时逃离。

万业企业（600641）成交量后量超前量，股价继续上涨

　　图 5-38 为万业企业 2021 年 3 月至 7 月的 K 线图。

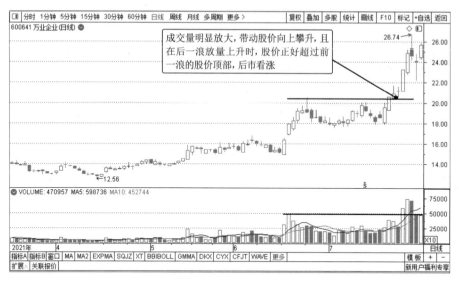

图5-38 万业企业2021年3月至7月的K线图

从图5-38中可以看到,万业企业的股价经过一轮下跌后运行至14.00元价位线下方的低位区域。2021年4月中旬,股价开始小幅向上攀升,K线收出大量小阳线,涨势缓慢。

6月中旬,成交量开始明显放大,带动股价大幅向上攀升。当股价上涨至20.00元价位线附近后止涨回落,成交量逐渐减少,表现缩量。

7月下旬,成交量再次放大,且量能明显比前一个上升浪的量能更大。仔细观察发现,在后一浪放量上升时,股价正好超过前一浪的顶部,说明场外多头资金不断流入市场,后市继续上涨的可能性较大,投资者可以趁机买进,持股待涨。

图5-39为万业企业2021年5月至12月的K线图。

从图5-39中可以看到,成交量形成后量超前量形态后上涨至25.00元价位线附近横盘。但伴随着股价的继续上涨,成交量却出现了缩减的走势,疑似在构筑虚浪,后市上涨可能存在一定困难。因此,谨慎的投资者可在赚取这一波涨幅后就收手观望,激进的投资者还可以继续持有。

根据后市的走向来看,尽管失去了成交量的支撑,但股价依旧形成了明显的上涨。这种情况可能是主力希望拉高股价出货，但缺少承接的买盘导致的，投资者此时依旧可以做多，只是需要保持高度警惕，一旦股价表现出下跌趋势，就要及时出局。

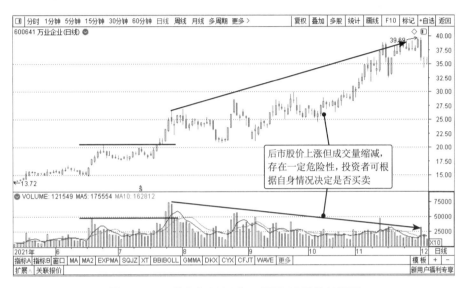

图 5-39 万业企业 2021 年 5 月至 12 月的 K 线图

5.3.5 缩量大阴线压制股价

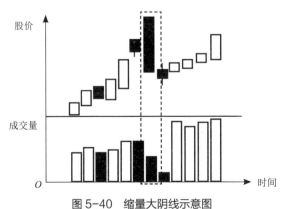

图 5-40 缩量大阴线示意图

个股处于不断上行的强势行情之中，股价不断向上攀升，下方成交量配合放大。但在某一时刻，K线却突然收出一根缩量大阴线，股价止涨回落，成交量表现缩量，原本走势良好的行情遭受重击，难道市场行情见顶了吗？

此时投资者需要查看后续的股价走势情况。如果次日或第三日股价就止跌企稳并重拾升势，成交量也开始逐渐放大，说明主力有可能是在进行试盘操作，既想清洗浮筹，又不想过多地卖出筹码。

对于投资者来说，需要谨慎对待在拉升行情中突然出现的缩量大阴线，具体操作如下。

①在出现缩量大阴线的当日密切关注市场走势，不要轻举妄动。

②如果第二日或第三日股价止跌企稳，并开始小幅向上回升，下方成交量出现放大迹象，说明原本的上涨趋势并未发生改变，后市有可能继续上涨。此时，可以试着轻仓买进。

③当股价向上拉升，重新收复大阴线造成的损失后，投资者可以再次跟进。

④随后股价继续上行，一旦突破前期高点，形成的买入信号就会比较强烈，投资者可加仓。

川能动力（000155）缩量大阴线压制股价下行

图5-41为川能动力2021年4月至8月的K线图。

从图5-41中可以看到，川能动力的股价处于强势上涨行情之中。股价从相对低位处向上不断攀升，重心上移，涨势稳定。

2021年8月中旬，股价上涨至27.50元价位线附近后，于8月16日突然向下低开，盘中向下大幅滑落，K 线最终收出一根大阴线，下方成交量表现缩量。这一根缩量大阴线的出现，将股价拉低至 25.00 元价位线上，使得市场产生恐慌。

但是仔细观察可以发现，虽然次日股价继续向下跳空低开低走，但跌幅不深，K 线收出一根缩量中阴线，第三天股价便止跌企稳，K 线收出一根小阳线。

这说明这一根大阴线有可能是主力的试盘行为造成的，后市继续上涨的可能性较大，投资者可以在此位置试着加仓。

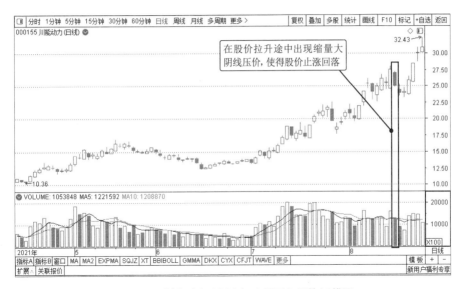

图 5-41　川能动力 2021 年 4 月至 8 月的 K 线图

图 5-42 为川能动力 2021 年 6 月至 9 月的 K 线图。

从图 5-42 中可以看到，缩量大阴线出现后的第三天，K 线收出一根小阳线，股价止跌企稳，随后便开始回升，K 线连续收出上涨阳线，下方的成交量配合放大。

这说明川能动力的上涨趋势并未发生改变，股价继续向上攀升，表现上涨行情，截至 2021 年 9 月，股价最高上涨至 39.26 元，涨幅较大。

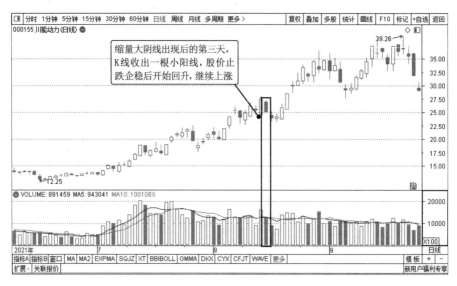

图 5-42　川能动力 2021 年 6 月至 9 月的 K 线图

第6章

K线与技术指标综合分析判断

技术指标是股市投资分析中的一大利器，它是通过数据公式计算得出的股票价格变化的数据集合。结合技术指标进行市场分析，可以使结果更清晰，研判更准确。股市中的技术指标有近百种，本章将重点介绍实用性强、操作简单的几种技术指标。

6.1 K 线与 KDJ 指标组合买入分析

KDJ 指标是一个非常敏感、灵活的技术指标，它的中文名称为随机指标，通常用于股市中的中短期趋势分析。在实际运用中，投资者可以利用 KDJ 指标的交叉形态、超卖超买及运行方向情况来做市场判断。

当 K 线在运行的过程中发出买入信号，此时查看下方的 KDJ 指标发现同步发出转势信号时，则说明股价回升的可能性较大，投资者可以保持关注，抓住买入机会。

6.1.1 V 形底 +KDJ 指标黄金交叉

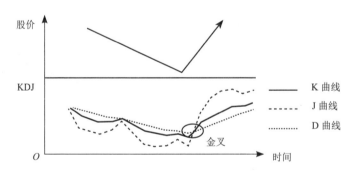

图 6-1 V 形底 +KDJ 指标金叉示意图

当 KDJ 指标中的 K 曲线和 J 曲线自下而上穿过 D 曲线形成的交叉就是 KDJ 指标的黄金交叉，也称为金叉，这是股价由弱走强的转势信号。

需要注意的是，K 曲线和 J 曲线需要有效突破 D 曲线，如果两条线快速上穿 D 曲线又迅速回到 D 曲线下方，则无效。此外，金叉出现在 50 线下比较可靠，出现在 30 线下，则后市的涨幅可能更高，是可靠的辅助信号。

当股价走势形成 V 形底形态时，如果 KDJ 指标同步发出金叉信号，则投资者可以进一步确定市场转势走强的准确性，进而在此位置买入跟进，持股待涨。

四川九洲（000801）股价形成 V 形底，KDJ 指标出现金叉

图 6-2 为四川九洲 2021 年 12 月至 2022 年 5 月的 K 线图。

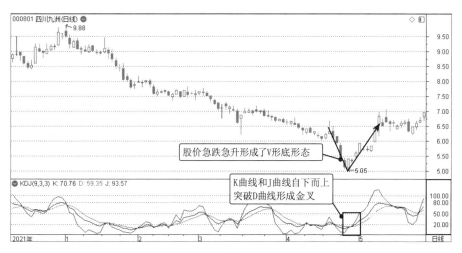

图 6-2　四川九洲 2021 年 12 月至 2022 年 5 月的 K 线图

从图 6-2 中可以看到，四川九洲的股价处于不断下行的弱势行情之中，下方的 KDJ 指标随着股价的下行同步下移至 50 线下的弱势区域，并在该区域内波动运行。

2022 年 4 月下旬，K 线连续收出多根阴线，使得股价进一步下跌，然后又收出多根阳线，向上拉升股价。这一急跌急升形成了 V 形底形态，是典型的底部形态，说明股价可能在此位置触底，转入新的上涨中。

此时查看下方 KDJ 指标，发现在股价进一步下跌的过程中，KDJ 指标运行至 20 线以下的超卖区域中，伴随着股价的回升，K 曲线和 J 曲线纷纷自下而上穿过 D 曲线，形成黄金交叉后继续向上运行。说明四川九洲的这一轮下跌结束，市场由弱走强，后市有可能迎来一轮上涨。

图 6-3 为四川九洲 2022 年 3 月至 10 月的 K 线图。

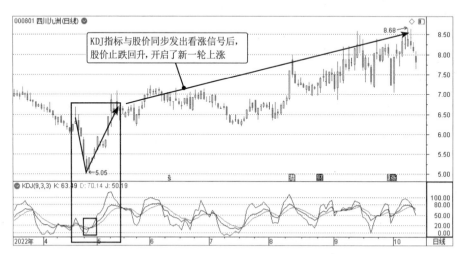

图 6-3　四川九洲 2022 年 3 月至 10 月的 K 线图

从图 6-3 中可以看到，KDJ 指标和股价同步发出看多信号后，四川九洲止跌回升，开启了新一轮上涨行情。

6.1.2　头肩底 +KDJ 指标二次金叉

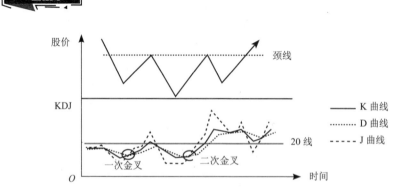

图 6-4　头肩底 +KDJ 指标二次金叉示意图

KDJ 指标二次金叉指的是 KDJ 指标跟随股价运行至 50 线以下的弱势区域，然后在低位 20 线附近出现两次金叉。由此可以判断，该股这一轮下跌已经结束，个股短期的涨势已经确定。

投资者要知道，股价的头肩底形态是比较典型的筑底形态，意味着股价止跌企稳，可能开启新一轮上升行情，如果配合 KDJ 指标的二次金叉，则更能确定底部信号的准确性。

本钢板材（000761）股价形成头肩底，KDJ 指标二次金叉

图 6-5 为本钢板材 2020 年 8 月至 2021 年 3 月的 K 线图。

图 6-5　本钢板材 2020 年 8 月至 2021 年 3 月的 K 线图

从图 6-5 中可以看到，本钢板材处于不断下行的弱势行情之中。2021 年 1 月上旬，股价下行至 3.00 元价位线附近跌势减缓，并小幅向上拉升，出现上涨迹象，但并未持续较长时间。

很快，股价上涨至 3.10 元价位线附近便再次止涨回落，且 K 线收出连续的阴线，股价在创出 2.76 元的新低后止跌回升。当其上行至前期高点附近时再次回落，跌至 3.00 元价位线附近又一次止跌企稳，然后向上拉升。

股价连续三次下跌回升，形成了三个低点和两个高点，且仔细观察，发现两个高点大致处于同一水平位置，左右两个低点大致处于同一水平位置，中间低点最低，形成了头肩底形态。这说明市场中的空头动能释放完全，股价在此位置筑底，后市可能转势回升，开启新一轮上涨。

此时查看下方的 KDJ 指标，发现 KDJ 指标随着股价的下跌同步运行至 20 线下的低位区域。在股价连续回升的过程中，KDJ 指标中的 K 曲线和 J 曲线两次上穿 D 曲线，形成二次金叉，这说明个股短期看涨。结合 K 线头肩底形态和 KDJ 指标二次金叉，投资者可以在股价突破头肩底形态的颈线时买进，持股待涨。

图 6-6 为本钢板材 2020 年 12 月至 2021 年 9 月的 K 线图。

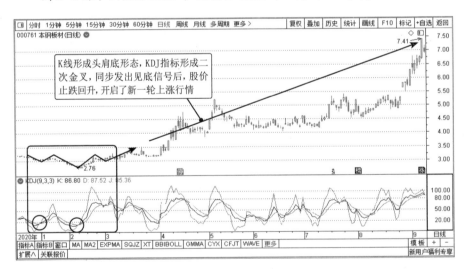

图 6-6 本钢板材 2020 年 12 月至 2021 年 9 月的 K 线图

从图 6-6 中可以看到，K 线头肩底形态和 KDJ 指标二次金叉出现后，本钢板材转入新一轮上涨行情中，股价不断向上攀升，截至 2020 年 9 月，股价创出 7.41 元的高价。

6.1.3　双重底 +KDJ 指标超卖

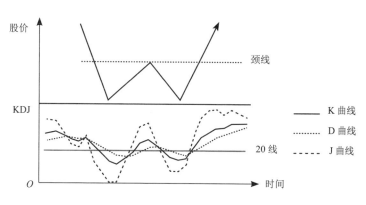

图 6-7　双重底 +KDJ 指标超卖示意图

　　KDJ 指标中的超买超卖现象，是多空买卖力度的对比。当 KDJ 指标在 20 线以下，就进入了超卖区，说明场内大部分人都在出售。此时空方力量过盛，股价超跌，后市的下跌空间已经很小，一旦下跌动能衰竭，多方力量复苏，股价有可能被持续拉升，是一个后期看涨的信号。

　　如果股价走势出现明显筑底信号，例如形成双重底形态时，KDJ 指标同步发出超卖信号，则说明市场内的下跌动能衰竭，股价即将见底回升，转入新一轮上涨中。

北方股份（600262）股价形成双重底，KDJ 指标发出超卖信号

　　图 6-8 为北方股份 2021 年 5 月至 9 月的 K 线图。

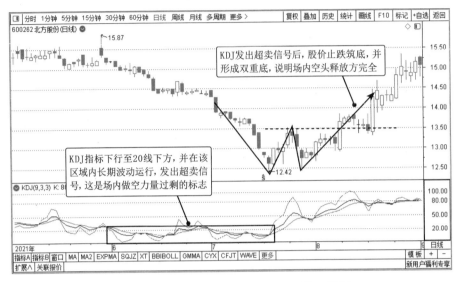

图 6-8　北方股份 2021 年 5 月至 9 月的 K 线图

从图 6-8 中可以看到，北方股份处于不断下行的弱势行情之中，股价从相对高位处不断向下移动。下方的 KDJ 指标也随着股价的下行而同步向下移动。

2021 年 6 月初，KDJ 指标运行至 20 线下的超卖区域，并维持在 20 线以下波动横行，发出超卖信号。这说明此时场内绝大多数的投资者都看空市场，空方力量过剩，股价的下跌空间缩小，后市可能止跌回升。

此时再查看上方的 K 线走势，发现在 KDJ 指标发出超卖信号的同时，股价一改之前缓慢下跌的走势，形成了加速下跌，下行至 12.50 元价位线附近后止跌，并在 12.50 元至 13.50 元内波动，形成了两个大致处于同一水平位置的低点，构成双重底形态。这说明在 KDJ 指标发出超卖信号的同时，股价在释放场内剩余空头动能，进行筑底，后续转势可能性较大。

随着双重底形态的形成，股价成功筑底，随后开始向上拉升，于 8 月中旬有效突破双重底颈线位置。KDJ 指标线也同步上行，自下而上穿过 20 线、50 线和 80 线，运行至强势区域，说明新一轮上涨已经启动。

图 6-9 为北方股份 2021 年 7 月至 2022 年 1 月的 K 线图。

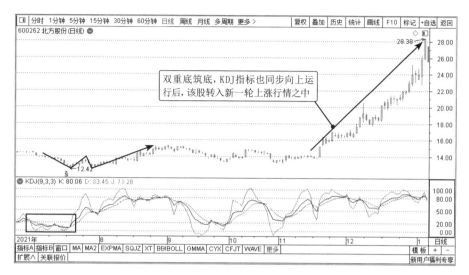

图 6-9　北方股份 2021 年 7 月至 2022 年 1 月的 K 线图

　　从图 6-9 中可以看到，当 KDJ 指标发出超卖信号，股价筑底完成后，形成了一段时间的回调走势。整理完成后，该股于 11 月中旬开始了新一轮大幅拉升的强势行情。

6.1.4　K 线与 KDJ 指标底背离

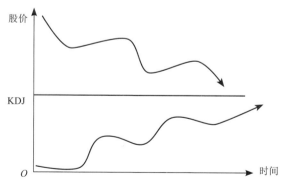

图 6-10　股价与 KDJ 指标底背离示意图

股价与 KDJ 指标在市场中通常表现为同步运行，当股价上行时，KDJ 指标中的曲线也同步上行；当股价下行时，KDJ 指标中的曲线也同步下行。但是，当股价出现下跌，K 线走势低点一波比一波低，KDJ 指标中的曲线走势却拐头向上，低点一波比一波高时，就会与股价形成背离，这就是股价与 KDJ 指标的底背离现象。

KDJ 指标出现底背离，意味着股价见底，市场空头动能释放完全，随时可能反转进入新一轮上升行情之中。因此，投资者一旦发现两者底背离现象，就要引起注意，抓住建仓的机会。

中化国际（600500）K 线与 KDJ 指标形成底背离

图 6-11 为中化国际 2020 年 8 月至 2021 年 3 月的 K 线图。

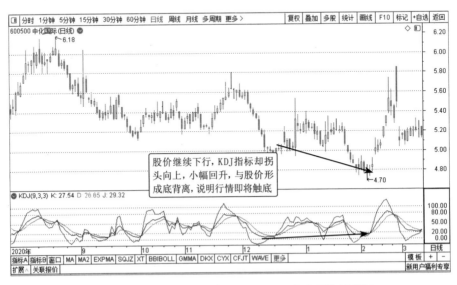

图 6-11　中化国际 2020 年 8 月至 2021 年 3 月的 K 线图

从图 6-11 中可以看到，中化国际的股价处于不断震荡下行的弱势行情之中，跌势沉重，跌幅较大。2020 年 12 月中旬，股价跌至 5.00 元价位线附近后跌势渐缓，小幅回升至 5.40 元价位线后再次下跌，跌至最低 4.70 元后止跌企稳。

在股价创造新低的过程中查看 KDJ 指标，可以发现 KDJ 指标已经拐头向上，K 曲线和 D 曲线的低点向上移动，与股价形成底背离。这说明中化国际的这一轮下跌行情即将触底，场内的下跌势能衰竭，股价随时可能转入新一轮上涨行情之中。

图 6-12 为中化国际 2020 年 11 月至 2021 年 9 月的 K 线图。

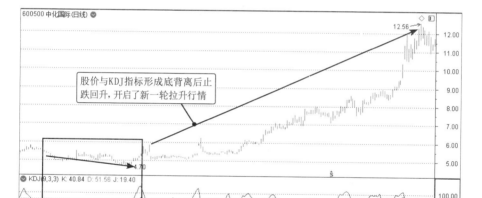

图 6-12　中化国际 2020 年 11 月至 2021 年 9 月的 K 线图

从图 6-12 中可以看到，股价与 KDJ 指标形成底背离后，中化国际的股价止跌回升，开启了新一轮长期的、稳定的拉升行情。股价涨势猛烈，截至 2021 年 9 月，股价最高上涨至 12.56 元，涨幅巨大。

6.2　K 线与 MACD 指标组合买入分析

MACD 指标中文名称为异同移动平均线指标，是股市分析中最常用的技术指标之一。它是由双指数移动平均线发展而来的，用快的指数移动平均线（EMA12）减去慢的指数移动平均线（EMA26）得到快线 DIF，再用 2×（快线 DIF－DIF 的 9 日加权移动均线 DEA）得到 MACD 柱状线。在实际投资分析中，常用快线 DIF 和慢线 DEA 线的离散、聚合程度及 MACD 柱状线变化情况来表示当前多空状态，预测股价可能的发展趋势。

MACD 指标是一个比较可靠的辅助性指标，对投资者有很大的帮助，当 K 线在运行的过程中发出买入信号时，投资者可以利用 MACD 指标来判断该信号的准确性，进而作出决策。

6.2.1　股价低位止跌，MACD 指标上穿 0 轴

一图展示

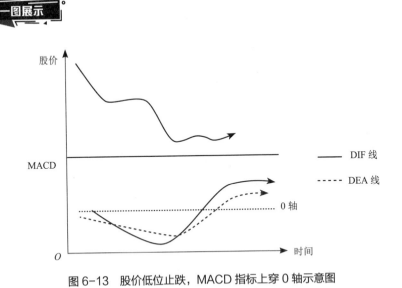

图 6-13　股价低位止跌，MACD 指标上穿 0 轴示意图

知识精讲

0 轴是 MACD 指标中的多空分界线，当 DIF 线和 DEA 线自下而上穿

过 0 轴后继续向上运行，说明个股进入多头市场，趋势可能由此发生转变，由弱走强。

如果此时的股价经过一轮下跌后在低位区域止跌企稳或者小幅回升，说明原来的下跌趋势暂时结束，市场中的空头动能得到释放，后市可能开启一轮新的拉升行情，投资者可以跟进。

保利发展（600048）股价止跌企稳，MACD 指标上穿 0 轴

图 6-14 为保利发展 2021 年 3 月至 9 月的 K 线图。

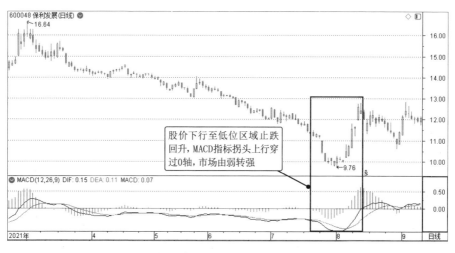

图 6-14　保利发展 2021 年 3 月至 9 月的 K 线图

从图 6-14 中可以看到，保利发展的股价处于不断下行的弱势行情之中，股价重心不断下移，跌势沉重。MACD 指标随着股价的下跌而同步下行，运行至 0 轴下方的弱势区域中，并长时间维持在 0 轴下方。

2021 年 7 月底，股价下行至 10.00 元价位线附近后止跌企稳，在该价位线上横盘整理一段后开始小幅回升，形成筑底回升的迹象。此时查看下方的 MACD 指标，发现在股价止跌回升的过程中，MACD 指标拐头向上运行，DIF 线和 DEA 线先后上穿 0 轴，并维持在其上方运行。这说明场内的多空动能发生了转变，行情由之前的弱势转入强势之中，后市可能出现一轮大幅拉升，投资者可以在此位置建仓买进。

图 6-15 为保利发展 2021 年 7 月至 2022 年 4 月的 K 线图。

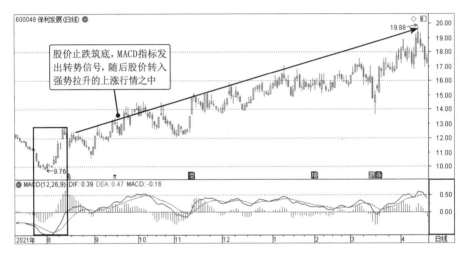

图 6-15　保利发展 2021 年 7 月至 2022 年 4 月的 K 线图

从图 6-15 中可以看到，股价在低位止跌企稳，MACD 指标上穿 0 轴后，保利发展转入震荡上行的强势拉升行情之中，股价涨幅较大。

6.2.2　股价小幅上行，MACD 柱状线绿翻红

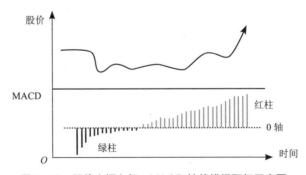

图 6-16　股价小幅上行，MACD 柱状线绿翻红示意图

MACD 柱状线有红柱和绿柱两种表现形式，这两种线在运行过程中不断交替出现。零轴下方为绿柱，说明市场处于空头；零轴上方为红柱，说明市场处于多头。

MACD 柱状线的长短随着股价的波动而变化，当绿柱的长度开始缩小，直到逐渐消失转为红柱时，说明股价下降的力度开始减弱、消失，行情转入拉升之中。

若股价经过一轮下跌后运行至低位区域止跌企稳，并小幅回升，MACD柱状线绿翻红，则说明场内多头聚集，市场即将迎来一轮上涨行情。

博信股份（600083）股价回升，MACD 柱状线绿翻红

图 6-17 为博信股份 2021 年 9 月至 12 月的 K 线图。

图 6-17　博信股份 2021 年 9 月至 12 月的 K 线图

从图 6-17 中可以看到，博信股份的股价经过一轮下跌后运行至 5.40 元价位线附近止跌，在 5.40 元至 5.60 元内横盘波动一段后，开始小幅向上攀升，有见底回升的迹象。

此时查看下方的 MACD 指标，发现在股价低位横盘的过程中，MACD 指标绿色柱线不断缩短。2021 年 11 月中旬，MACD 指标绿色柱线翻红，且红色柱线逐渐伸长，尽管后续红色柱线小幅翻回绿色，但持续时间较短，绿色柱线长度也有限，在 11 月底就再次翻红了，MACD 指标的积极信号没有被破坏。结合 K 线走势可以判断，市场内的空头动能逐渐衰竭消失，多头动能开始聚集，博信股份的股价有可能迎来一轮上涨。

图 6-18 为博信股份 2021 年 11 月至 2022 年 3 月的 K 线图。

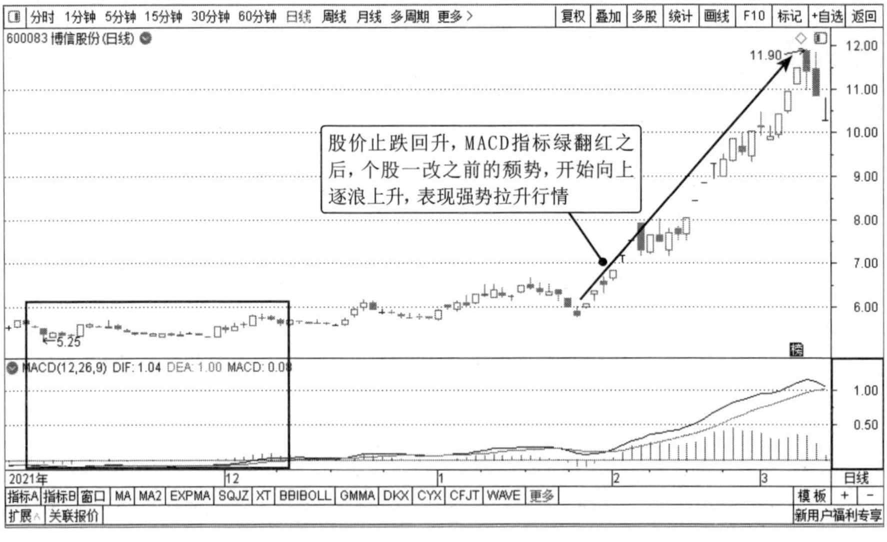

图 6-18　博信股份 2021 年 11 月至 2022 年 3 月的 K 线图

从图 6-18 中可以看到，MACD 柱状线绿翻红，股价小幅向上攀升后，博信股份转入震荡向上的强势拉升行情之中，截至 2022 年 3 月，股价最高上涨至 11.90 元，涨幅较大。

由此可见，MACD 柱状线绿翻红是比较可靠的市场转强信号。但需要注意的是，技术指标只是辅助判断，投资者还是要结合股价实际走势来具体分析，避免做出错误决策导致被套。

6.2.3　股价触底横盘，MACD 指标金叉

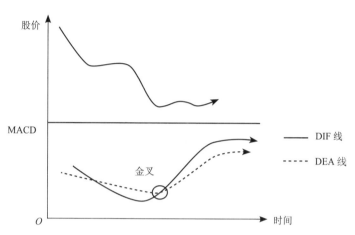

图 6-19　股价触底横盘，MACD 指标金叉示意图

MACD 指标中也存在金叉现象，它是 DIF 线自下而上穿过 DEA 线形成的一个交叉。MACD 指标金叉的出现意味着市场中的多头力量开始占据有利地位，是一种比较可靠的上涨信号。

如果股价在经过一轮下跌后于低位区域止跌企稳，MACD 指标同时形成金叉，则是比较好的一个转势信号，投资者可以在此位置买进建仓。

丰原药业（000153）股价触底企稳，MACD 指标发出金叉信号

图 6-20 为丰原药业 2020 年 8 月至 2021 年 3 月的 K 线图。

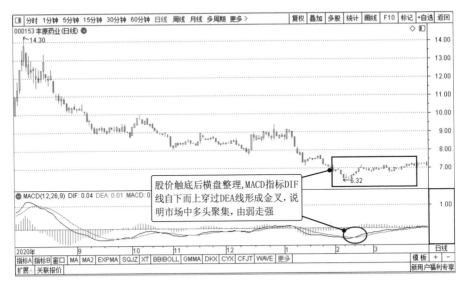

图6-20　丰原药业2020年8月至2021年3月的K线图

从图6-20中可以看到，丰原药业处于不断下行的弱势行情之中，股价重心不断下移，跌势沉重。2021年2月上旬，股价下行至7.00元价位线下方，创出6.32元的新低后止跌，并小幅回升至7.00元价位线上，然后在其附近横盘整理，形成企稳迹象。

与此同时查看下方MACD指标的走势，发现在股价横盘的过程中，原本在0轴下方运行的MACD指标突然拐头向上，DIF线自下而上穿过DEA线形成金叉，说明场内的多头动能由弱走强，开始占据优势，该股后市可能迎来一轮上涨。

图6-21为丰原药业2021年2月至12月的K线图。

从图6-21中可以看到，丰原药业在创出6.32元的低价后，就没有再跌破过该低点，并在后续形成了强势的拉升，股价波动上行不断创出新高。MACD指标在形成金叉后，DIF线和DEA线继续向上攀升，进入了0轴上方的多头市场中，并维持在该区域内波动运行，市场表现强势。

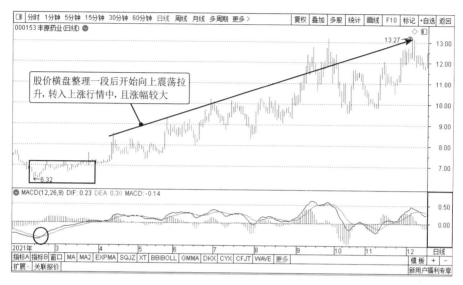

图 6-21 丰原药业 2021 年 2 月至 12 月的 K 线图

6.2.4 K 线收出底部十字线，MACD 指标二次金叉

一图展示

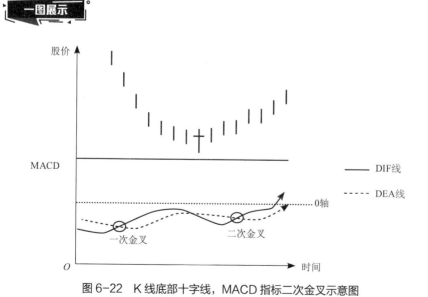

图 6-22 K 线底部十字线，MACD 指标二次金叉示意图

MACD 指标二次金叉指的是指标线连续形成两次金叉的情况，说明个股当前处于积极的上涨之中，是一个买入信号。通常 MACD 指标二次金叉发生在 0 轴以下的低位区域，信号更为可靠。

当 MACD 指标在低位发生第一次金叉，股价上涨幅度有限，小涨后出现回调；MACD 指标出现第二次金叉时，股价上涨的幅度会更大一些，因为股价在前期小幅回调时释放出了场内的抛压。

若处于下跌趋势之中的股价发出底部止跌信号，如出现底部十字线，MACD 指标同步形成二次金叉形态，就会进一步确认该信号的准确性，投资者可以在此位置建仓买进。

金圆股份（000546）K 线底部十字线，MACD 指标二次金叉

图 6-23 为金圆股份 2020 年 12 月至 2021 年 8 月的 K 线图。

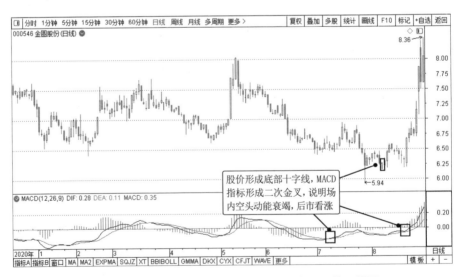

图 6-23　金圆股份 2020 年 12 月至 2021 年 8 月的 K 线图

从图 6-23 中可以看到，金圆股份经过一轮下跌后运行至低位区域，长时间在 6.50 元至 8.00 元内震荡横行。

2021 年 6 月底，股价跌至 6.50 元价位线上横盘，短暂整理后开始小幅回升。此时查看下方的 MACD 指标，发现指标线在 0 轴下方的低位区域形成了金叉并继续上行，但是来到 0 轴附近时便拐头向下，DIF 线自上而下穿过 DEA 线形成死叉，后续仍然在 0 轴下方运行。

同时股价止涨下跌，跌破 6.50 元并创出 5.94 元的新低后止跌，回升到 6.25 元价位线附近横盘。在股价横盘整理的过程中，K 线于 8 月 6 日收出一根带长下影线的十字线，意味着买盘积极性提高，多方开始输送上涨动能，股价可能即将结束下跌趋势，进入新的上涨行情。此时，投资者可以开始进行建仓操作。

此时观察 MACD 指标，可以发现原本在 0 轴下方的指标线拐头上行，DIF 线再次自下而上穿过 DEA 线形成二次金叉，确认了十字线发出的看多信号，股价即将上涨。

图 6-24 为金圆股份 2021 年 7 月至 2022 年 3 月的 K 线图。

图 6-24　金圆股份 2021 年 7 月至 2022 年 3 月的 K 线图

从图 6-24 中可以看到，K 线底部十字线与 MACD 指标的二次金叉形成后，股价触底回升，开启了新一轮震荡拉升的强势行情，股价涨势稳定，涨幅较大。

6.2.5　K 线与 MACD 指标的底背离

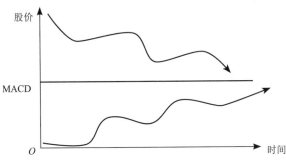

图 6-25　K 线与 MACD 指标底背离示意图

K 线与 MACD 指标底背离指的是在下跌过程中，股价形成低点渐次下移的走势，但 MACD 指标却没有同步下行，而是拐头向上，形成低点逐步上移的走势，二者产生了底背离。

MACD 指标的底背离通常出现在下跌行情的低位区域，是下跌趋势见底，多空双方位置对调，股价即将上涨或是反弹的信号，投资者可以择机买进。

海德股份（000567）K 线与 MACD 指标形成底背离

图 6-26 为海德股份 2020 年 8 月至 2021 年 3 月的 K 线图。

从图 6-26 中可以看到，海德股份处于不断震荡下行的弱势行情之中，跌势沉重。2020 年 12 月中旬，股价经过一轮大幅下跌后下行到 9.00 元价位线附近，开始缓慢下跌，低点渐次向下移动。

此时查看下方的 MACD 指标，发现在股价下行的过程中，MACD 指标却拐头上行，走出一底比一底高的上升走势，与 K 线形成明显的底背离。

底背离现象的出现，说明海德股份这一轮下跌即将见底，场内的空头动能逐渐衰竭，多头力量开始聚集，后市有可能转势回升，开启一轮新的上涨。投资者可以在股价回升时买入跟进，持股待涨。

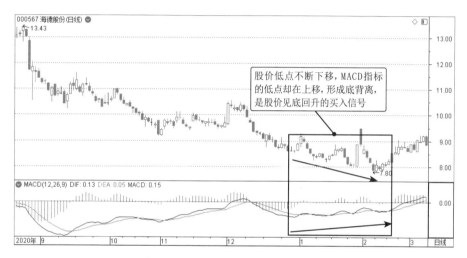

图 6-26　海德股份 2020 年 8 月至 2021 年 3 月的 K 线图

图 6-27 为海德股份 2020 年 12 月至 2021 年 12 月的 K 线图。

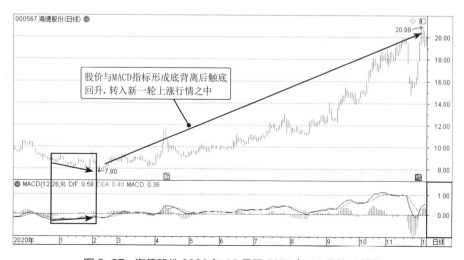

图 6-27　海德股份 2020 年 12 月至 2021 年 12 月的 K 线图

从图 6-27 中可以看到,K 线与 MACD 指标在低位区域形成底背离后,股价在 8.00 元价位线上触底,随后转势回升,开启一轮强势上涨行情。股价不断向上运行,涨势稳定,截至 2021 年 12 月初,股价最高上涨至 20.98 元,涨幅巨大。

6.3　K 线与 BOLL 指标组合买入分析

BOLL 指标中文名称为布林线指标,它通过统计学理论求出股价的标准差及其信赖区间,确定股价的波动范围,根据股价在信赖区间中的变化情况来预测未来走势,是一种比较实用的辅助指标。

在实际的指标运用中,常常将 BOLL 指标与 K 线组合进行分析,通过 K 线在 BOLL 通道内的变化来找寻市场中的转势信号,从而帮助投资者做出恰当的决策。

6.3.1　K 线与 BOLL 指标线同步上行

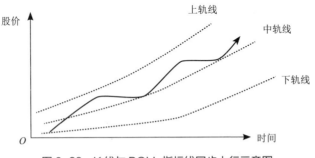

图 6-28　K 线与 BOLL 指标线同步上行示意图

当 K 线表现上行,BOLL 指标中的上轨线、中轨线和下轨线也同时向

上运行，形成配合，就是市场走强的特征，短期内股价将继续上涨。

此时场内的投资者应该继续持有，场外的投资者可以根据股价所处位置适当追涨。如果股价前期涨幅空间不大，可以跟进；如果前期已经有了较大涨幅，就要慎重对待。

双环科技（000707）K线与BOLL指标同步上行，市场走强

图6-29为双环科技2021年3月至7月的K线图。

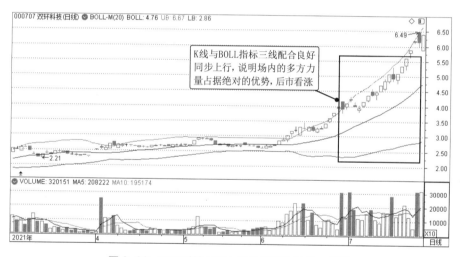

图6-29 双环科技2021年3月至7月的K线图

从图6-29中可以看到，双环科技前期经过一轮下跌后，股价运行至3.00元价位线下方的低位区域并长期横盘运行，走势低迷。此时，BOLL指标中的上轨线、中轨线和下轨线也表现出横向运行，BOLL指标通道较窄。

2021年6月上旬，K线连续收出阳线，股价向上突破3.00元阻力线。与此同时，BOLL指标中的上轨线和中轨线也同步拐头向上运行，下轨线在一段时间后也向上转向，形成K线与BOLL指标三线同步上行的现象。这是一种市场强势、走势积极的特征，说明场内的多方力量占据绝对的优势，后市继续上涨的可能性较大，投资者可以在此位置追涨买进。

图6-30为双环科技2021年5月至2022年7月的K线图。

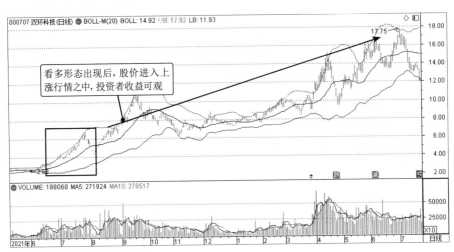

图6-30　双环科技2021年5月至2022年7月的K线图

从图6-30中可以看到，K线和BOLL指标三线同步上行后，双环科技继续上涨，涨势良好，且涨幅很大。

6.3.2　股价止涨，上轨线向下，中轨线和下轨线继续向上

一图展示

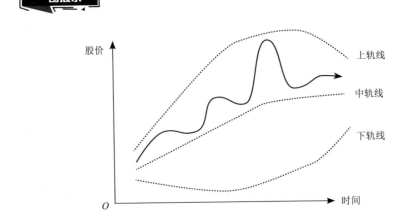

图6-31　股价止涨，上轨线向下，中轨线和下轨线继续向上示意图

个股处于上升行情之中，股价上涨至某一价位线后止涨整理，此时 BOLL 指标中的上轨线拐头向下运行，而中轨线和下轨线却还在向上，说明市场正处于整理阶段，一旦整理结束，后市将继续上涨，投资者可以持股待涨或者逢低做多。

但是，如果个股处于下跌趋势之中，那么这种现象往往是下跌途中的整理标志。

岳阳兴长（000819）股价止涨，上轨线向下，中轨线和下轨线继续向上

图 6-32 为岳阳兴长 2022 年 1 月至 7 月的 K 线图。

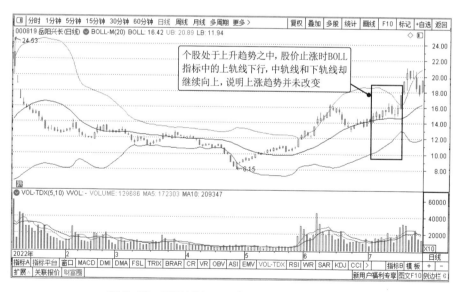

图 6-32　岳阳兴长 2022 年 1 月至 7 月的 K 线图

从图 6-32 中可以看到，岳阳兴长经过一轮下跌后运行至 8.00 元价位线附近的低位区域。2022 年 4 月底，股价开始向上缓慢拉升，当其上行至

16.00元价位线附近后止涨回落。随后，股价又小幅回升，但在接近16.00元价位线时再次止涨横盘。

在此过程中，BOLL指标中的上轨线虽然受到影响拐头向下运行，但是中轨线和下轨线却继续向上运行。这一现象的出现，说明该股的上涨趋势并未发生改变，后市继续上涨的可能性较大，场内投资者可持股待涨。

图6-33为岳阳兴长2022年4月至8月的K线图。

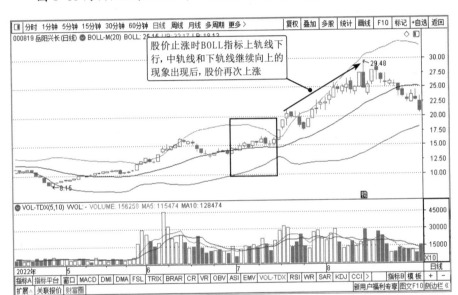

图6-33　岳阳兴长2022年4月至8月的K线图

从图6-33中可以看到，股价止涨，BOLL指标中的上轨线向下，中轨线和下轨线继续向上的现象出现后，2022年7月中旬，股价再次向上发起攻击，继续上涨，涨势稳定。

可见，股价止涨时BOLL指标中的上轨线向下，中轨线和下轨线继续向上的现象，发出的是整理信号，而非见顶信号。如果投资者前期在股价止涨时匆匆抛售手中持股，则会错失后面这一波大幅拉升行情。

6.3.3　K 线上穿中轨线

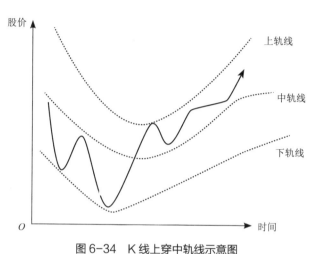

图 6-34　K 线上穿中轨线示意图

　　股价长期处于下跌趋势中时，K 线在中轨线和下轨线形成的通道内波动下行，市场表现弱势。当 K 线向上突破中轨线，且连续 2 ～ 4 日站在中轨线之上，则说明中轨线被有效突破，股价的趋势发生转变，场内多头力量开始聚集。如果此时下方成交量配合放量，则可以进一步确认信号的准确性。对投资者来说，是一个买入机会。

钱江摩托（000913）K 线突破中轨线分析

　　图 6-35 为钱江摩托 2021 年 11 月至 2022 年 6 月的 K 线图。

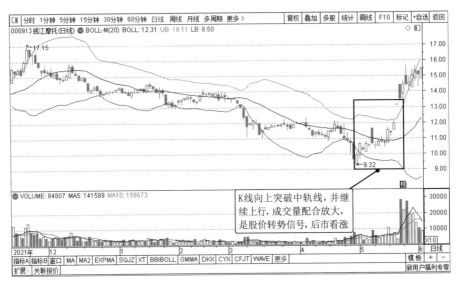

图6-35　钱江摩托2021年11月至2022年6月的K线图

从图6-35中可以看到，钱江摩托处于不断下行的弱势行情之中，股价长期在BOLL指标中轨线和下轨线形成的通道内波动运行，不断创出新低。

2022年4月底，股价跌至10.00元价位线附近，创出9.32元的新低后止跌回升，5月中旬，K线向上突破中轨线，并稳稳地站在了中轨线上方运行，下方的成交量配合放大。

这说明钱江摩托的这一轮下跌结束，场内的空头动能力量衰竭，多头力量逐渐聚集，占据绝对优势，该股趋势发生转变，后市可能迎来一波强势拉升，投资者可以在此位置买入跟进。

图6-36为钱江摩托2022年4月至9月的K线图。

从图6-36中可以看到，K线向上突破中轨线并运行至上方后，一改之前的颓势，开启了新一轮上涨。股价开始向上震荡拉升，涨势稳定。截至2022年8月底，股价最高上涨至29.60元，涨幅较大。

如果前期投资者利用K线上穿中轨线的信号买进，就可以赚取这一轮上涨收益。

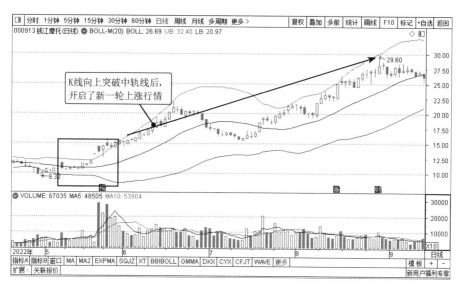

图6-36 钱江摩托2022年4月至9月的K线图

6.3.4 K线向上突破上轨线继续上行

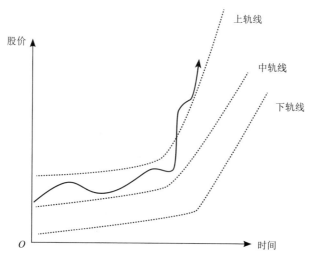

图6-37 K线向上突破上轨线继续上行示意图

个股处于上涨行情之中，K 线在 BOLL 指标上轨线与中轨线形成的通道内波动上行。

当 K 线突破上轨线以后继续向上，BOLL 指标的上、中、下轨线的运动方向也朝向上方，就说明该股的上涨趋势并未发生改变，股价还有上涨空间，场内的投资者可以持股待涨。

岩石股份（600696）K 线向上突破上轨线继续上行分析

图 6-38 为岩石股份 2020 年 10 月至 2021 年 3 月的 K 线图。

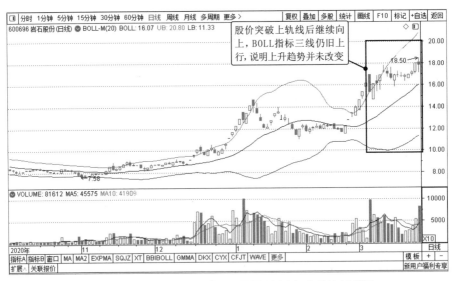

图 6-38　岩石股份 2020 年 10 月至 2021 年 3 月的 K 线图

从图 6-38 中可以看到，岩石股份前期经过一轮下跌后，股价下行至 8.00 元价位线附近的低位区域，随后长期在该价位线上横盘窄幅波动。

2020 年 11 月中旬，股价开始向上攀升，脱离底部横盘，在 BOLL 指标中轨线和上轨线形成的通道内波动上行。2021 年 1 月，股价上涨至 14.00 元价位线附近后止涨回落，然后在 12.00 元价位线上横盘。

2021 年 3 月，股价再次上冲，下方成交量放大，推动股价向上突破 BOLL 指标上轨线，然后继续向上运行。

此时 BOLL 指标中的上轨线、中轨线和下轨线继续上行，说明岩石股份的这一轮上涨趋势还未发生改变，后市继续看涨，场内的投资者可持股待涨。

图 6-39 为岩石股份 2020 年 12 月至 2021 年 6 月的 K 线图。

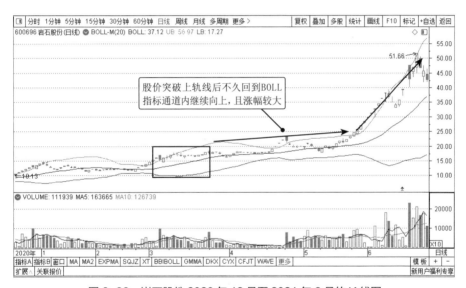

图 6-39　岩石股份 2020 年 12 月至 2021 年 6 月的 K 线图

从图 6-39 中可以看到，2021 年 3 月初，股价突破上轨线后不久就回落至 BOLL 指标通道内，在上轨线和中轨线之间继续上涨，走势良好。截至 2020 年 6 月，股价最高上涨至 51.66 元，涨势稳定，涨幅巨大。

很多投资者有时会将股价突破上轨线视为转势信号，认为股价涨速过快，极有可能回落。其实不然，只要股价没有有效跌破中轨线，就可以将其视作整理信号，后市依旧有上涨空间。

6.3.5　K线从下轨线以下向上突破

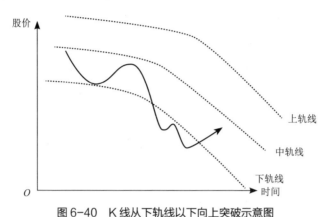

图6-40　K线从下轨线以下向上突破示意图

　　个股运行至下跌行情的低位区域时，突然加速下跌，并跌破BOLL指标下轨线，运行至其下方。一段时间后股价自下而上突破下轨线，就说明场内的空头动能走弱，多头力量开始聚集，将股价向上拉升，短期内行情有可能回暖。

应用实例

轻纺城（600790）K线从下轨线以下向上突破分析

　　图6-41为轻纺城2021年1月至8月的K线图。

　　从图6-41中可以看到，轻纺城处于下跌趋势之中，股价于2021年6月底跌至3.00元价位线附近止跌，随后横盘整理。

　　7月下旬，股价一改之前的缓慢下跌走势，K线连续收出阴线，股价跌破BOLL指标下轨线，并持续向下运行，在创出2.86元的新低后止跌，随后自下而上突破 BOLL 指标下轨线，回到 BOLL 指标通道内。这是股价止跌转势的信号，说明个股短期回暖，近期可能迎来一波上涨行情。

图 6-41　轻纺城 2021 年 1 月至 8 月的 K 线图

图 6-42 为轻纺城 2021 年 7 月至 2022 年 5 月的 K 线图。

图 6-42　轻纺城 2021 年 7 月至 2022 年 5 月的 K 线图

从图 6-42 中可以看到，股价向上突破下轨线后，就转入上升行情之中，不断创出新高，BOLL 指标三线也跟随股价的上行而上扬。

6.3.6　K线处于中轨线上方和中轨线一起上行

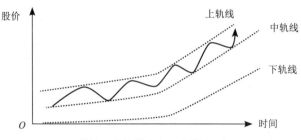

图 6-43　K线处于中轨线上方和中轨线一起上行示意图

当 K 线一直处于 BOLL 指标的中轨线上方，并和中轨线一起向上运行时，说明个股正处于强势上涨的行情之中，投资者可以做多，逢低买进。只要 K 线没有有效跌破中轨线，个股的上升趋势就暂时不会发生改变。股价每次回落至中轨线附近止跌时，都是投资者的加仓机会。

杉杉股份（600884）K线处于中轨线上方和中轨线一起上行

图 6-44 为杉杉股份 2021 年 4 月至 2022 年 1 月的 K 线图。

从图 6-44 中可以看到，杉杉股份的股价从 12.00 元价位线附近的低位处开始向上攀升，表现出强势上涨行情。K 线在 BOLL 指标上轨线和中轨线形成的上升通道内波动运行，涨势稳定。

2021 年 7 月中旬，股价上涨至 35.00 元价位线附近后止涨回落，跌破中轨线，但是数日后就止跌回升到中轨线上，说明杉杉股份的上涨趋势并未发生改变，后市继续上涨的可能性较大，投资者可以在此位置加仓跟进。

10 月下旬，股价上涨至 45.00 元价位线附近，创出 44.30 元的高价后止涨回落，并有效跌破中轨线，运行至中轨线下方。这说明杉杉股份的这一轮上涨见顶，后市转跌。此时场内投资者应该尽快离场。

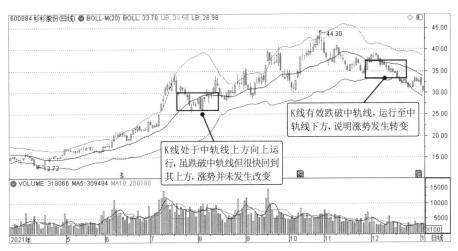

图 6-44　杉杉股份 2021 年 4 月至 2022 年 1 月的 K 线图

6.3.7　K 线与上、中、下轨线水平运行

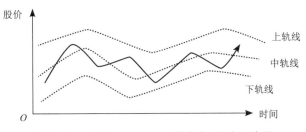

图 6-45　K 线与上、中、下轨线水平运行示意图

当 K 线与 BOLL 指标的上、中、下轨线都处于横向运行时，说明市场

处于整理阶段,未来走势不明。此时可以根据当前股价的所处位置来进行分析。

①当市场前期经历过一轮大跌,股价运行至低位区域,K 线与上、中、下轨线出现横向移动,说明股价正处于筑底阶段,投资者可以少量建仓。

②当市场前期经历过小幅拉升的上涨行情,在停顿阶段出现这种现象,说明市场处于上涨途中的整理过程,投资者可以持股等待,一旦 BOLL 指标拐头向上发散,就可加仓。

③当市场正处于下跌行情中时,这样的走势就说明股价在进行下跌整理,后市继续下跌的可能性较大。

藏格矿业(000408)K 线与上、中、下轨线水平运行

图 6-46 为藏格矿业 2020 年 7 月至 2021 年 5 月的 K 线图。

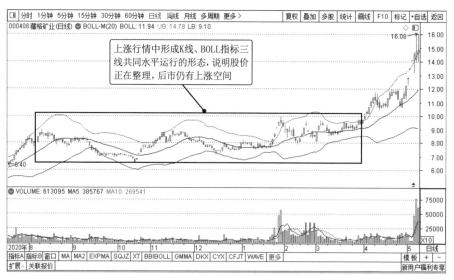

图 6-46 藏格矿业 2020 年 7 月至 2021 年 5 月的 K 线图

从图 6-46 中可以看到,藏格矿业前期经过一段时间的上涨后,于 2020 年

8月初运行至9.00元价位线附近滞涨回调，随后股价在BOLL指标形成的通道内横盘窄幅波动。在这段时间内，BOLL指标的上、中、下轨线也与股价一同形成走平状态。这说明藏格矿业正处于上涨行情中的整理阶段，股价后市还有上涨空间，投资者可择机加仓或是入场。

2021年4月，股价开始向上快速攀升，K线突破上轨线后运行于其上方，上、中、下轨线发散开来向上运行，说明新一轮上涨行情启动。

图6-47为藏格矿业2020年10月至2022年1月的K线图。

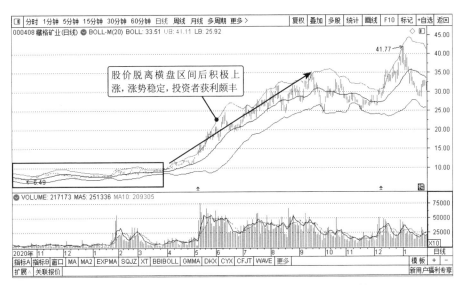

图6-47　藏格矿业2020年10月至2022年1月的K线图

从图6-47中可以看到，藏格矿业形成K线、BOLL指标三线共同水平运行的形态后，就进入了稳定的上涨行情之中，股价涨幅巨大，为投资者带来了丰厚的收益。

6.4　K线与MA指标组合共同研判买点

MA指标的中文全称为移动平均线，平时使用时也常被称为均线。

在前面第 4 章中已经简单介绍了均线的一种用法，但很显然，作为大部分炒股软件默认的主图指标，均线的使用方法远不止如此。尤其是当其与 K 线结合起来，将会传递出丰富的买入信息，从而帮助投资者提高建仓成功率。

6.4.1　葛兰威尔买卖法则中的买点解析

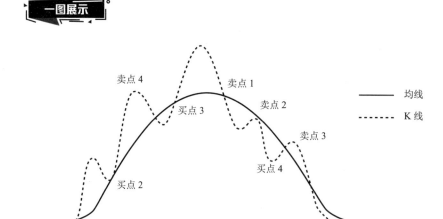

图 6-48　葛兰威尔买卖法则示意图

葛兰威尔买卖法则是由均线的发明者葛兰威尔提出的，它借助一条均线和 K 线走势的交叉与位置关系，定位了八大买卖点，其中有四个卖点和四个买点。在研判买入时机时，投资者需要重点关注四个买点。

注意，在使用法则时，对均线的选择是比较自由的，投资者完全可以根据自身持股周期来决定。例如短线投资者可以选择 10 日均线或 20 日均线，中线投资者可以选取 30 日均线或 60 日均线，长线投资者则可以选择80 日均线等时间周期更长的均线。

为了适应大部分投资者的需求，本节就将 30 日均线作为分析工具，向投资者解析葛兰威尔买卖法则中的买点。

从示意图可以看出，葛兰威尔买卖法则中的四个买点在上涨行情中分布了三个，还有一个则是在下跌行情之中。由此可见，在上涨走势中建仓是更为稳妥的，下面来逐一解析这些买点。

◆ **买点 1**：买点 1 也叫黄金交叉，在上涨行情的初期形成。在股价进入上涨之前，K 线还运行在均线之下，直到拉升开始，才自下而上突破均线的压制，进入上涨行情之中，这个突破的位置就是买点 1。

◆ **买点 2**：买点 2 也叫回踩不破，在股价进入上涨后受阻回调的位置。此时均线也已经拐头向上，股价回调踩在均线上不破，受其支撑再度上扬的位置，就是买点 2 的位置。

◆ **买点 3**：买点 3 被称为小幅跌破，同样是在上涨行情中回调的过程中形成的，但与买点 2 不同的是，买点 3 形成之前 K 线已经跌破了均线，在价格止跌回升再次突破到均线上的同时，买点 3 才会出现。

◆ **买点 4**：买点 4 是唯一一个出现在下跌行情中的买点，被称作乖离过大。从示意图中也可以看到，买点 4 是用于抢反弹的，在股价下跌并与均线产生较大偏离时，可能会出现超跌反弹的情况，那么反弹开始的位置就会形成抢反弹的机会，买点 4 也就出现了。

需要注意的是，在上涨走势中，买点 1 最先出现，而买点 2 和买点 3 的形成则没有明确的先后顺序，二者往往是交错出现的，投资者不必纠结这一点。

下面来看一个具体的案例。

华谊兄弟（300027）葛兰威尔买卖法则中的买点解析

图 6-49 为华谊兄弟 2020 年 3 月至 8 月的 K 线图。

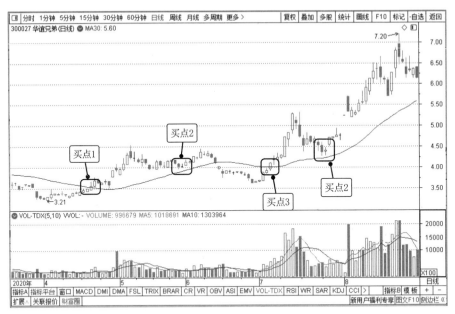

图6-49　华谊兄弟2020年3月至8月的K线图

先来看看华谊兄弟的上涨走势中，借助葛兰威尔买卖法则判断出的买点在何处。从30日均线的走势就可以发现，在2020年3月及以前，该股是处于下跌状态的，直到4月初创出3.21元的新低后，才止跌开始回升。

刚开始时，该股的上涨速度还比较缓慢，并且长期运行在30日均线以下。小幅收阳一段时间后，4月中旬，该股加快涨速，迅速在数日内成功向上突破了30日均线的压制，进入上涨之中，这个突破的位置就是买点1，向投资者传递出了明确的看涨信号。

突破完成后，该股小幅回踩确认了支撑力，随后继续向上运行。5月初，该股在4.50元价位线附近受阻后回调，逐步靠近了还在上行的30日均线，最终在6月初时在30日均线的支撑下再度上扬，回踩不破的位置就形成了买点2。

但从后续的走势可以看到，该股后面一波涨势并不乐观，4.50元价位线的压制力依旧强劲，价格在难以突破的情况下只能拐头下跌，很快便跌破了30日均线，运行到其下方。

　　该股在 30 日均线下方持续下行，甚至带动 30 日均线也出现了转向的迹象，但其低点终究没有跌破前期低点，而是在 3.50 元价位线上方止跌回升，说明这只是一段回调而已。那么，该股后续成功突破 30 日均线的位置，就是买点 3，投资者可以在此买进或继续加仓。

　　从这一波行情来看，该股后期的上涨还是十分让人期待的。7 月中旬，该股在 5.50 元价位线下方受阻后回调，快速的下跌大概率是场内获利盘大批兑利出局造成的，但 30 日均线的支撑力依旧。K 线在还未接触到 30 日均线时就止跌企稳，随后快速回升了，低点又形成了一个买点 2，这是上涨行情延续的有力证明，投资者在此追涨的成功率还是比较高的。

　　下面来看看行情见顶转势后，葛兰威尔买卖法则在下跌走势中会发挥怎样的作用，投资者如何在其帮助下抢反弹。

　　图 6-50 为华谊兄弟 2020 年 8 月至 2021 年 1 月的 K 线图。

图 6-50　华谊兄弟 2020 年 8 月至 2021 年 1 月的 K 线图

　　从图 6-50 中可以看到，该股在上涨行情中最后一波的拉升，将价格带到了最高 7.20 元，当日冲高回落后形成一根带长上影线的阴线，随后股价便快速下滑，最终于 9 月初跌破了 30 日均线，并持续下行。

从后续的走势可以看到，该股在跌至 5.50 元价位线下方后形成了一次反弹。但很明显，反弹高点离 30 日均线还有很长一段距离，更别说与前期高点相比了，该股有很大概率是发生了趋势的转变，下跌行情到来。

当 30 日均线也拐头向下运行时，下跌行情更为明显了。9 月底，该股跌至 5.00 元价位线附近后暂时止跌横盘，并在后续出现了反弹的迹象。此时来观察 K 线与 30 日均线之间的距离，可以发现二者的乖离还是比较明显的，未来有形成反弹的概率，有意抢反弹的投资者可以保持关注。

10 月初，该股在一次小幅下滑后突然收阳，开启了快速的反弹，上涨的位置就形成了买点 4，投资者此时就可以跟随买进，抓住机会买入。数日后，该股一路上涨至 5.50 元价位线以上，但在巨大抛压的压制下不得不再度回到下跌轨道，反弹结束了。

在后续的走势中，该股又形成了数次反弹，但伴随着 30 日均线的持续下行，该股反弹的幅度越来越小，能够为投资者带来的收益在下降，风险却不减反增。因此，在发现这种现象后，谨慎一些的投资者就没有必要再介入了，与其冒着风险抢收益极小的反弹，不如退出另寻优质个股。

6.4.2 蛟龙出海预示买进

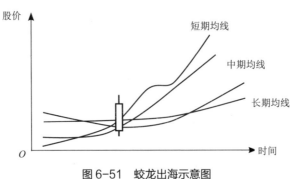

图 6-51 蛟龙出海示意图

蛟龙出海是 K 线与均线组合结合而成的看涨形态，其中的关键在于自下而上穿越了整个均线组合的大阳线。从其示意图中也可以看出，蛟龙出海形成的前提条件是均线组合的黏合，只有当均线组合收敛到一定区间内，才能由一条大阳线直接穿过。

也就是说，蛟龙出海形成的位置是股价在经过小幅震荡或回调后，开启又一波拉升的初始阶段。在此位置形成一根大阳线，大概率是主力拉涨在即、上涨行情延续的标志，投资者在此追涨，将有机会赚取可观收益。

下面来看一个具体的案例。

台华新材（603055）蛟龙出海预示买进

图 6-52 为台华新材 2021 年 3 月至 9 月的 K 线图。

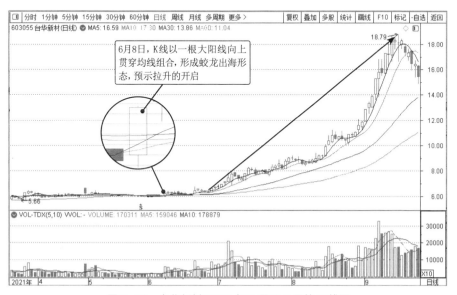

图 6-52　台华新材 2021 年 3 月至 9 月的 K 线图

从图 6-52 中可以看到，台华新材正处于上涨行情之中。2021 年 3 月到 5 月，该股还在 6.00 元价位线附近呈横向震荡状态，导致均线组合早早黏合在一起，拐头形成水平运行。这样的状态一直持续到了 6 月初。

6 月 8 日，该股在开盘后的前期走势平平，但在下午时段开盘后不久，成交量突然大幅放量，推动价格迅速上升，最终收出一根涨幅达到 4.36% 的大阳线，一举贯穿了整个均线组合，并在后续运行到其上方，形成了蛟龙出海形态。

尽管在后续的一段时间内，该股的涨速并不快，但相较于前期长时间的横盘来说，已经是非常明显的上涨迹象了。激进的投资者此时可以买进，谨慎的投资者若认为时机不妥，还可以再观察一段时间。

从后续的走势可以看到，6 月底，该股连续收阳上涨，此时的拉升就已经很明显了，并且均线组合也纷纷被带动向上转向发散，市场开始积极追涨，谨慎的投资者也可以跟随建仓了。

6.4.3 空头背离有机会抄底

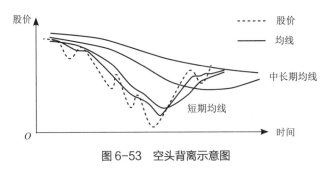

图 6-53　空头背离示意图

空头背离主要指的是中长期均线与 K 线及短期均线之间，在运行方向

上的背离。

当股价经历一段时间的下跌后，短期均线会运行到中长期均线之下，贴合 K 线向下移动。某一时刻价格止跌回升，如果速度够快，完全可以立刻带动短期均线拐头向上，与还没来得及产生变化的中长期均线形成运行方向相反的状态，这就是空头背离。

一般来说，空头背离形成的时间较短，主要取决于股价的上涨速度，涨速越快，中长期均线转向的速度也就越快，空头背离的时间越短。只要股价能够在后续突破到中长期均线之上，那么上涨走势就大概率能够得到确定，投资者就可以在空头背离出现之时，或是在涨势稳定后建仓。

下面来看一个具体的案例。

恩华药业（002262）空头背离有机会抄底

图 6-54 为恩华药业 2022 年 3 月至 8 月的 K 线图。

图 6-54　恩华药业 2022 年 3 月至 8 月的 K 线图

从恩华药业这段走势来看，该股正在经历从下跌转为上涨的过程。3月到4月，该股还在均线组合的压制下向下运行，30日均线和60日均线长期覆盖在K线和短期均线上方，市场走势消极。

到了4月底，这种状态终于得到了改善，该股在跌至11.00元价位线附近后止跌，收出一根带长下影线的小阳线后继续上涨。短时间内较快的涨速很快使得5日均线和10日均线跟随转向，与30日均线和60日均线形成了空头背离的形态。

但由于涨势过于积极，K线与30日均线的空头背离只持续了短短数个交易日就结束了。随后30日均线加入上涨中，与K线和两条短期均线一同上扬，并与还在下跌的60日均线继续保持空头背离。

此时，股价已经上涨到了12.50元价位线附近，并在60日均线的压制下被迫回调了一段距离。但就在数日后，该股再次强势收阳，成功突破到了60日均线上方。

尽管此刻60日均线还未转向，但K线的积极走势和空头背离的看涨形态已经向投资者发出了建仓信号，激进的投资者早已入场，谨慎的投资者也可以试探性地建仓了。

至此，关于K线买入形态的分析就暂时告一段落。但是，依然要提醒广大投资者，股市投资有风险，入市一定要谨慎。